Sociologia da Comunicação

COLEÇÃO SOCIOLOGIA
Coordenador: Brasilio Sallum Jr. – Universidade de São Paulo

Comissão editorial:
Gabriel Cohn – Universidade de São Paulo
Irlys Barreira – Universidade Federal do Ceará
José Ricardo Ramalho – Universidade Federal do Rio de Janeiro
Marcelo Ridenti – Universidade Estadual de Campinas
Otávio Dulci – Universidade Federal de Minas Gerais

- *A educação moral*
Émile Durkheim
- *A Pesquisa Qualitativa* – Enfoques epistemológicos e metodológicos
VV.AA.
- *Sociologia ambiental*
John Hannigan
- *O poder em movimento* – Movimentos sociais e confronto político
Sidney Tarrow
- *Quatro tradições sociológicas*
Randall Collins
- *Introdução à Teoria dos Sistemas*
Niklas Luhmann
- *Sociologia clássica* – Marx, Durkheim e Weber
Carlos Eduardo Sell
- *O senso prático*
Pierre Bourdieu
- *Comportamento em lugares públicos* – Notas sobre a organização social dos ajuntamentos
Erving Goffman
- *A estrutura da ação social* – Vols. I e II
Talcott Parsons
- *Ritual de interação* – Ensaios sobre o comportamento face a face
Erving Goffman
- *A negociação da intimidade*
Viviana A. Zelizer
- *Sobre fenomenologia e relações sociais*
Alfred Schutz
- *Os quadros da experiência social* – Uma perspectiva de análise
Erving Goffman
- *Democracia*
Charles Tilly
- *A representação do Eu na vida cotidiana*
Erving Goffman
- *Sociologia da Comunicação* – Teoria e ideologia
Gabriel Cohn

Dados Internacionais de Catalogação na Publicação (CIP)
(Câmara Brasileira do Livro, SP, Brasil)

Cohn, Gabriel
Sociologia da Comunicação : teoria e ideologia / Gabriel Cohn. – Petrópolis, RJ : Vozes, 2014. – (Coleção Sociologia)

Bibliografia
ISBN 978-85-326-4793-1

1. Comunicação – Aspectos sociais I. Título. II. Série.

14-03311   CDD-302.2

Índices para catálogo sistemático:
1. Comunicação : Sociologia   302.2

Gabriel Cohn

Sociologia da Comunicação

Teoria e ideologia

EDITORA VOZES
Petrópolis

© 2014, Editora Vozes Ltda.
Rua Frei Luís, 100
25689-900 Petrópolis, RJ
Internet: http://www.vozes.com.br
Brasil

Todos os direitos reservados. Nenhuma parte desta obra poderá ser reproduzida ou transmitida por qualquer forma e/ou quaisquer meios (eletrônico ou mecânico, incluindo fotocópia e gravação) ou arquivada em qualquer sistema ou banco de dados sem permissão escrita da editora.

Diretor editorial
Frei Antônio Moser

Editores
Aline dos Santos Carneiro
José Maria da Silva
Lídio Peretti
Marilac Loraine Oleniki

Secretário executivo
João Batista Kreuch

Editoração: Maria da Conceição B. de Sousa
Diagramação: Sheilandre Desenv. Gráfico
Capa: Juliana Teresa Hannickel / Sheilandre Desenv. Gráfico

ISBN 978-85-326-4793-1

Editado conforme o novo acordo ortográfico.

Este livro foi composto e impresso pela Editora Vozes Ltda.

Abre-te, Sésamo – quero sair!
S. Jerzy Lec (citado por Th.W. Adorno)

Sumário

Apresentação da coleção, 9

Apresentação, 11
   José Maurício Domingues

Prefácio, 17

1 Massa: a noção e o seu alcance, 27

2 Público, elite e massa: a dimensão política, 41

3 Público, elite e massa: a dimensão cultural, 69

4 A dimensão social: a sociedade de massas, 82

5 Cultura e sociedade: o cenário contemporâneo, 124

6 Teoria e ideologia, 159

Referências, 197

Apresentação da coleção

Brasilio Sallum Jr.

A *Coleção Sociologia* ambiciona reunir contribuições importantes desta disciplina para a análise da sociedade moderna. Nascida no século XIX, a Sociologia expandiu-se rapidamente sob o impulso de intelectuais de grande estatura – considerados hoje clássicos da disciplina –, formulou técnicas próprias de investigação e fertilizou o desenvolvimento de tradições teóricas que orientam o investigador de maneiras distintas para o mundo empírico. Não há o que lamentar o fato de a Sociologia não ter um *corpus* teórico único e acabado. E, menos ainda, há que esperar que este seja construído no futuro. É da própria natureza da disciplina – de fato, uma de suas características mais estimulantes intelectualmente – renovar conceitos, focos de investigação e conhecimentos produzidos. Este é um dos ensinamentos mais duradouros de Max Weber: a Sociologia e as outras disciplinas que estudam a sociedade estão condenadas à eterna juventude, a renovar permanentemente seus conceitos à luz de novos problemas suscitados pela marcha incessante da história. No período histórico atual este ensinamento é mais verdadeiro do que nunca, pois as sociedades nacionais, que foram os alicerces da construção da disciplina, estão passando por processos de inclusão, de intensidade variável, em uma sociedade mundial em formação. Os sociólogos têm respondido com vigor aos desafios desta mudança histórica, ajustando o foco da disciplina em suas várias especialidades.

A *Coleção Sociologia* pretende oferecer aos leitores de língua portuguesa um conjunto de obras que espelhe tanto quanto possível o desenvolvimento teórico e metodológico da disciplina. A coleção conta com a orientação da comissão editorial, composta por profissionais relevantes da disciplina, para selecionar os livros a serem nela publicados.

A par de editar seus autores clássicos, a *Coleção Sociologia* abrirá espaço para obras representativas de suas várias correntes teóricas e de suas especialidades, voltadas para o estudo de esferas específicas da vida social. Deverá também suprir as necessidades de ensino da Sociologia para um público mais amplo, inclusive por meio de manuais didáticos. Por último – mas não menos importante –, a *Coleção Sociologia* almeja oferecer ao público trabalhos sociológicos sobre a sociedade brasileira. Deseja, deste modo, contribuir para que ela possa adensar a reflexão científica sobre suas próprias características e problemas. Tem a esperança de que, com isso, possa ajudar a impulsioná-la no rumo do desenvolvimento e da democratização.

Apresentação

José Maurício Domingues

Finalmente se reedita *Sociologia da Comunicação – Teoria e ideologia*, este livro tão marcante de Gabriel Cohn, na verdade um clássico hoje infelizmente quase desconhecido da teoria crítica em sua encarnação nacional. Fora do mercado há muitos anos e inclusive ausente de muitas bibliotecas especializadas, pois publicado em 1973, antes de muitas delas se constituírem, ele propõe uma leitura política e cultural da Modernidade que rivaliza, com galhardia, com quaisquer outras desenvolvidas na Europa e nos Estados Unidos sobre os temas de que se ocupa. Já passava em muito da hora em que estivesse novamente ao alcance do público e aquele ocultamento fosse definitivamente superado. Rigor e grande erudição, bem como ideias e soluções próprias muito relevantes, se mobilizam em suas páginas, que percorrem o pensamento ocidental sobre seu tema, do pensamento político do século XVIII às ciências sociais contemporâneas.

Sociologia da Comunicação filia-se claramente, sem aderência abstrata ou acrítica, à linhagem da teoria crítica da Escola de Frankfurt, recolhendo vários de seus temas, de Theodor W. Adorno a Jürgen Habermas, com respostas originais e incisivas. Sua abordagem é mais flexível que a de ambos, sem aceitar o pessimismo que angustiava em particular o primeiro deles, dando sempre destaque aos sujeitos que tecem a vida social. Os temas da dominação e do conflito, do público, da opinião pública e da democracia, das "elites" e das "massas", a crítica à ideologia que a estas em particular subjazem, se fazem presentes em suas páginas. Embora reconhecendo as dinâmicas opressivas que atravessam as sociedades modernas, Cohn, por outro lado, não se rende a visões a-históricas e fechadas. Se as "elites", noção que critica com severidade por seu caráter ideológico e apologético, são capazes de estruturar sistemas de dominação eficazes, nem por isso cessam os conflitos e o movimento, de baixo para cima, por parte das classes dominadas, em busca em especial da democracia. Nem o liberalismo, nem os meios de comunicação de massa, nem a própria sociologia, a teoria política e outras disciplinas, são desculpados – o primeiro tem de resto, em suas variações clássicas e sobretudo a partir do século XIX, seu cunho amiúde antipopular e antidemocrático assinalado, suas versões posteriores sendo ainda mais problemáticas; a história, porém, é percebida como um processo dinâmico e aberto.

Se isso é verdade, vale sublinhar o papel decisivo que o conceito de *dominação* desempenha em seu argumento. Cohn é um consistente admirador de Adorno e tem regularmente dialogado com suas teses sobre a indústria cultural. Isso não implica que o conceito demasiado abstrato e quase sistêmico que os sistemas de dominação assumem na ótica daquele autor não seja, todavia, recolhido por sua abordagem: claramente são as relações de poder entre coletividades dominantes e dominadas – as classes sociais, em particular – do que se trata aqui, com, por outro lado, as ideologias e a produção de mercadorias na esfera cultural se destacando em seu argumento. Contudo, assim como não cabe concentrar-se na subjetividade em si e por si, não se trata de dar voltas em torno do contexto de produção da cultura: a demanda a ser respondida, segundo Cohn, é de focalizar a própria *comunicação*, a "mensagem" especificamente, construindo categorias que deem conta dos processos específicos que a estruturam.

A questão da dominação perduraria na obra de Cohn e encontraria nova expressão, radical e luminosa, em seu estudo sobre as concepções e a metodologia de Max Weber, alguns anos após a publicação original do presente volume[1]. Cohn nos mostra exatamente como a questão do pluralismo de visões de

---

1. COHN, G. *Crítica e resignação* – Fundamentos da sociologia de Max Weber. São Paulo: T.A. Queiroz, 1978 [reeditado em 2003 pela Martins Fontes, São Paulo].

mundo na Modernidade, aspecto enfatizado em certas passagens da obra de Weber, se resolve pela estruturação dos sistemas de dominação, em particular na dominação racional-legal. Dá assim conta, em leitura extremamente percuciente, de um aparente paradoxo na obra do filósofo-sociólogo alemão: a submissão de visões distintas à dominante pode impor orientações comuns por meio do comando e das sanções negativas por meio do exercício do poder. Deste modo ele inclusive nos faculta uma compreensão mais profunda dos tipos-ideais e da ação significativa em Weber.

Surgida em *Sociologia da Comunicação*, texto da juventude do autor, e retomada no estudo sobre Weber, a temática da dominação não desaparece da obra de Cohn posteriormente. Ao contrário, não obstante inflexões, se atualiza e permanece, a ela se somando outra, que corresponde precisamente aos novos rumos da Modernidade a partir das últimas décadas do século XX.

Em uma série de artigos sutis e por vezes enérgicos[2], cuja unidade precisa ser ainda editorialmente consolidada, Cohn argumenta, em parte sobre a influência quase antagonista de Luhmann, que as questões hodiernas referem-se socialmente mais à construção de "diferenças" por parte dos sistemas sociais, das organizações poderosas (em especial as grandes corporações), que da homogeneização suposta pelo período anterior. Poder-se-ia afirmar que os sistemas de dominação até então jogavam com a inclusão subordinada dos setores dominados, sendo que os novos sistemas de dominação hoje confiam à exclusão e ao descaso pelos excluídos grande parte de seu poder e continuidade. Isso caracteriza em parte o que define como um novo

---

2. Cf. em particular COHN, G. "As diferenças finas: de Simmel a Luhmann". *Revista Brasileira de Ciências Sociais*, vol. 13, 1998. • "Individualidade e cidadania num mundo dividido". *Perspectivas*, vol. 22, 1999. • "A sociologia e o novo padrão civilizatório". In: BARREIRA, C. (org.). *A sociologia no tempo*. São Paulo: Cortez, 2003. • "Civilização, cidadania e civismo: a teoria política frente aos novos desafios". In: BORON, A. (org.). *Filosofia política contemporânea* – Controvérsias sobre cidadania, república e democracia. Buenos Aires: Clacso, 2006. Busquei uma análise de suas principais teses e trajetória em DOMINGUES, J.M. "Dominação e indiferença na teoria crítica de Gabriel Cohn". *Dados*, vol. 54, 2011 [republicado em meu *Teoria crítica e (semi)periferia*. Belo Horizonte: UFMG, 2011].

"umbral civilizacional", uma mutação significativa da Modernidade (sem prejuízo da inclusão subordinada de outros grupos).

Isso modificaria parcialmente as teses de Cohn sobre os processos e instituições, valores e horizontes de possibilidade, dos sistemas de comunicação modernos tal qual estudados em *Sociologia da Comunicação*. Mas, contra o esvaziamento sistêmico da subjetividade segundo a ótica luhmanianna, Cohn retorna na verdade a perspectivas contidas no livro em questão. Ou seja, enfatiza a subjetividade, tema tão central para seu argumento original, como resposta, em sua densidade, à barbárie que acossa a civilização contemporânea. Em suma, se há certa descontinuidade em suas teses, de fato derivada das próprias transformações por que passa a vida social, aquele tema retorna, como alternativa conflituosa e politicamente carregada, no sentido de buscar transformar a sociedade resgatando as promessas da própria Modernidade – de liberdade e igualdade, concórdia e solidariedade. As teses do presente livro se mantêm assim, para a interpretação histórica, porém também no que tange ao presente, exemplarmente válidas, inclusive no que diz respeito a sua invectiva contra o conceito de supostas "elites", as quais hoje se mostram especialmente predadoras dos recursos e possibilidades de vida dos cidadãos das sociedades modernas avançadas, pode-se acrescentar. É assim também que reivindicou a atualidade da concepção de indústria cultural em Adorno, sem embargo da necessidade de adaptá-la às condições de uma sociedade mais fragmentada e complexa, sem que nem por isso esvaneçam seus vínculos com os sistemas de dominação que nos envolvem[3].

A Modernidade, uma civilização específica, hoje global e heterogênea, vem sofrendo mutações significativas ao longo da história. Gabriel Cohn, com ousadia e rigor, vem nos ajudando a compreendê-las e teorizá-las. Este volume o demonstra claramente e sua reedição permitirá às novas gerações aproveitar e aprender de seus conceitos e intuições. Pode, além disso, chamar sua atenção para outros pequenos, mas poderosos textos, ulteriormente publicados por seu autor, que merecem estudo

---

3. COHN, G. "A atualidade do conceito de indústria cultural". In: MOREIRA, A.S. (org.). *Sociedade global* – Cultura e religião. Petrópolis: Vozes, 1998.

atento. Fazer teoria não é fácil, no Brasil menos ainda – hoje em grande medida por razões de cunho mais psíquico e cultural do que propriamente materiais e de infraestrutura para a pesquisa. Trata-se de desafio intelectual e crítico inadiável. Cohn foi pioneiro entre nós nesse terreno e, substantivamente, bem como fonte de inspiração, pode servir como ponto de orientação para as novas gerações.

Em termos pessoais, somente poderia terminar esta apresentação (a rigor supérflua, dada a riqueza e a clareza da obra em questão) com um agradecimento pela honra de haver sido convidado a escrevê-la. E fico por aqui: é à leitura de *Sociologia da Comunicação* em si que deve sem delongas dirigir-se o autor. Não há como dela não desfrutar enormemente.

Prefácio

– Seu Felipe, o senhor não acredita que o homem foi à Lua?
– Uai! Tem ilusão pra tudo.

O tema dessa conversa é um evento presenciado por algumas centenas de milhões de pessoas, em dezenas de países, pela televisão. Mas não foi necessário ir procurar em pessoa seu Felipe no seu remoto vilarejo no interior do Brasil, onde jamais entrou um aparelho de televisão, para conhecer sua opinião. Ela foi trazida às casas de algumas dezenas de milhares de pessoas, publicada numa revista mensal de grande circulação (*Realidade*, fev./1971).

Esse episódio diz muito acerca da importância da comunicação no mundo moderno. Nele fica patente que o indivíduo alheio aos meios de comunicação básicos na sociedade contemporânea – imprensa, rádio, televisão, cinema – constitui uma anomalia, algo como um representante de uma espécie em extinção. Essa espécie seria o pequeno grupo humano isolado, para o qual o mundo se reduz aos limites dados pela convivência direta nas suas atividades cotidianas, e o resto pertence à esfera do mito. O homem que ignora a notícia só passa a existir para a sociedade maior na qual vive, no mundo permeado pelos meios de comunicação, quando essa própria condição o converte em notícia.

"Tem ilusão pra tudo", diz o homem que encara de fora o universo da tecnologia da comunicação. Ao seu modo ele exprime, assim, um dos problemas centrais envolvidos na compreensão mais profunda do sentido dos meios de comunicação em grande escala. Na realidade, as questões básicas do estudo da comunicação na sociedade em boa medida giram em torno do esforço para converter isso que, com enganadora simplicidade, aí é chamado de ilusão em um conjunto de conceitos precisos, que permitam formular e responder às questões centrais do estudo sociológico da comunicação. Como agem os meios de comunicação no plano coletivo? Quais os seus efeitos? O que significa falar em "público" ou em "massa"? Como a organização e o modo de agir desses meios se relacionam com diversos tipos de sociedades? Tais são algumas das questões que interessam, nessa área.

Assim se iniciava o prefácio à primeira edição deste livro, publicado em 1973, quando a presença crescente dos meios de comunicação (que depois viriam a ser conhecidos, numa estranha mescla de latim com inglês, como *mídia*) tornava imperativo o estudo da sua inserção e do seu impacto na sociedade brasileira. Na época, era um trabalho pioneiro. E agora, ainda tem alguma coisa a dizer? Mesmo após quatro décadas de vertiginosos avanços na tecnologia da comunicação e de mudanças também muito acentuadas na configuração das sociedades, em escala mundial e no Brasil? O texto original foi manuscrito e depois datilografado em máquina de escrever mecânica. Ao escrever neste momento, sirvo-me de um processador de texto digital posto à minha disposição num computador doméstico de mesa com potência superior à dos equipamentos que permitiram calcular a trajetória do foguete que em 1969 levou um astronauta norte-americano a dar seu "pequeno passo" em solo lunar. Mal é possível hoje imaginar os primitivos receptores de TV que, em preto e branco, transmitiram imagens da proeza, longe do olhar do desconfiado mineiro. Então, é melhor jogar logo fora este volume, que nem sequer digital é, dirá a leitora impaciente. (Ou, se posso invocar Hume de olho na sua lareira, "commit it to the flames".) Por suspeito que seja, arrisco-me a dizer que não é bem assim. E estou em ótima companhia. Nada menos que meu colega José Maurício Domingues, companheiro de tantos debates na Anpocs, defende o livro contra qualquer suspeita de obsolescência, ao ponto de expor-se ao escrever uma apresentação à presente edição. Verdade que corro o risco da inversão de episódio que envolveu o dramaturgo Bernard Shaw, quando este, ao apresentar-se ao público após a estreia de peça sua, notou uma manifestação solitária de descontentamento. "Também acho que o senhor está certo", disse, dirigindo-se ao autor do protesto, "porém, que podemos nós dois contra esse pessoal todo?"

Quando escrevo que o livro tem caráter pioneiro a referência é institucional mais do que pessoal. Ele tinha por objetivo contribuir num projeto da Sociologia na USP, de abertura de um campo de pesquisa praticamente não explorado na universidade brasileira. Nesse sentido, representa, nos seus limites, um produto tardio da grande fase da chamada escola de sociologia da USP. Estimulado pelo exemplo dos maiores, traz o timbre de um destemor dos grandes problemas que beiram o temerário, junto com a preocupação com a relevância do seu tema em relação às tendências perceptíveis na sociedade, tudo isso nutrido pela pretensão de ir aos fundamentos. Foi redigido e publicado em tempos sombrios no Brasil, porém concebido antes do AI-5 de l968 e da aposentadoria compulsória em 1969 dos meus principais mestres na USP. Entre eles estava Octavio Ianni, que deveria ser meu orientador de tese e que foi substituído por mestre do maior valor agora quase esquecido, Luiz Pereira. Na realidade, foi concebido a partir de 1966, quando, com a audácia dos novatos, me apresentei para responsabilizar-me a partir do ano seguinte pelo recém-criado curso de análise sociológica da comunicação (cujo programa-base tem circulado durante anos na forma da coletânea *Comunicação e Indústria Cultural*), junto com meu então colega na USP e jornalista Luiz Weis. Luiz, aliás, esteve na equipe original de *Realidade*, a revista que forneceu o mote para o livro (junto, é claro, com a pungente exortação polonesa adotada por Adorno, "abre-te, Sésamo, quero sair").

A questão envolvida era tão simples quanto difícil: como fazer análise da dimensão social (e cultural, claro, mas não estritamente técnica) da comunicação que seja boa sociologia sem deixar de ser *da comunicação*? Na melhor tradição da escola que me formara, procurei enfrentar o problema pelo viés crítico. Ou seja: tratava-se de, atento às questões substantivas envolvidas, examinar os recursos analíticos mobilizados para estudá-las e em seguida levá-los aos limites da sua capacidade explicativa, em busca de alternativas que permitissem avançar. A despeito de todos os obstáculos que se avolumavam no Brasil da época, ainda se guardava na universidade (no caso da sociologia na USP, graças ao empenho de todo um grupo no sentido de não deixar apagar a flama após a aposentadoria compulsória de vários dos grandes mestres) algo de um período de grandes exigências e muita ousadia. Por outro lado, ainda não existia a severa disciplina acadêmica que acompanharia a institucionalização da pós-graduação a partir dos mesmos anos de 1970. Uma regulamentação que viria a impor crescente especialização, junto com produção centrada em foco bem definido e toda a parafernália que cerca a nova figura que também se consolidaria no período: a "comunidade científica". A produção acadêmica ganhou consistência e encontrou terreno e incentivos de toda sorte para se multiplicar, naquele paradoxal cenário de modernização autoritária. Por outro lado, tornou-se também mais sóbria, pouco afeita a voos desatados, e passou a desestimular o trânsito desregrado de uma área de pesquisa para outra, enquanto estimulava a criação de grupos multidisciplinares. Enfim, o mundo da aventura foi substituído pelo da regra, no qual a figura um tanto romântica e um pouco desastrada do "lobo solitário", que percorre por sua conta diversos territórios, não mais encontraria campos abertos e sim condomínios bem demarcados.

Talvez uma das razões para a republicação deste livro consista em demonstrar como funcionava a ciência social corrente – ou seja, aquela praticada no "andar de baixo" e não pelos mestres consagrados – no momento da grande virada na organização nacional da pesquisa no país. Não se trata, contudo, de mero interesse arqueológico. Neste ponto não há como transigir. Quero sustentar que os problemas e modos de enfrentá-los sociologicamente que se discutem neste livro, ainda quando se referem a um período à primeira vista remoto no desenvolvimento e na configuração das sociedades e dos enfoques analíticos, são relevantes para o debate atual e precisam ser conhecidos para que o momento presente ganhe perspectiva. São importantes não a despeito, mas precisamente por causa de correrem o risco de ficarem esquecidos nas tentativas de compreensão do mundo contemporâneo. As ciências sociais são pródigas em deixar de lado questões e recursos conceituais e de método que no passado se revelaram significativos e depois são jogadas no baú das velharias, como se as sociedades mudassem de ponta a ponta em cada década. Neste livro discutem-se problemas, conceitos e métodos, tudo no âmbito da Sociologia e sempre com o olhar voltado para a especificidade dos fenômenos comunicativos em grande escala.

Isso se manifesta no contraste que percorre o texto, entre conceitos que permitam explicar a natureza e o funcionamento da comunicação na sociedade e noções de caráter mais propriamente ideológico – entendendo-se por esse termo não uma visão do mundo ou a adesão a programas político-partidários ou afins, mas, em registro mais cognitivo, um tipo de pensamento que mais reitera o que já está dado nos fenômenos observados do que os explica no que têm de mais fundo. É minha impressão, ao reler o texto, que, embora não esmoreça na defesa de um enfoque analiticamente rigoroso dos processos de comunicação, ele não se detém numa espécie de manifesto cientificista, com a rigidez rabugenta que poderia advir disso. O interesse que o anima de ponta a ponta no exame dos melhores modos de tratar essa ordem de fenômenos se traduz na busca daquilo que está substantivamente presente neles. O modo como isso é feito envolve referência que deixou, no período mais recente, de ocupar posição de relevo no pensamento social. Trata-se do conceito de ideologia, que é mobilizado aqui na sua contraposição ao que se quer valorizar, que é a teoria. Quando se fala aqui de teoria não se trata de mero conjunto de noções abstratas. Ela é entendida como imprescindível forma de acesso à explicação dos fenômenos que importa conhecer.

Talvez isso fique mais nítido no tratamento dado ao problema da "massa", termo tradicionalmente associado ao de comunicação quando está em jogo sua dimensão social. Do ponto de vista substantivo eu diria que o fenômeno (ou melhor, o conjunto de fenômenos) evocado por esse termo está longe de ter ficado restrito a período historicamente superado nas sociedades de perfil capitalista (as únicas que importam, neste livro, embora na época da sua redação ainda existisse a suposta forma alternativa do "socialismo real"). O que mudou, e continua em mudança, são suas formas de manifestação. Da perspectiva aqui adotada, massa não se refere a uma condição estrutural da sociedade (em confronto com classe, por exemplo). Como se tornaria mais explícito na apresentação que fiz do excelente livro de

Orlando Miranda sobre *Tio Patinhas e o mito da comunicação*, ela não pode ser entendida como forma de sociedade ("sociedade de massas") nem, portanto, como suficiente para caracterizar um modo de comunicação ("comunicação de massa"). É importante, sim, na condição de *situação* no interior de sociedades, ser analisada nos seus condicionantes e nos seus efeitos. Refere-se a uma circunstância determinada, na qual o rompimento de laços sociais existentes ou a transição para novas modalidades de vínculos promove, por períodos mais ou menos prolongados, a emergência de algo que evoca a condição de "estado de natureza" hobbesiano, na qual cada qual fica entregue à sua sorte e ao seu engenho enquanto não se encontra uma referência coletiva mais firme. (Esta tanto pode ser o benevolente soberano de Hobbes quanto o Führer na Alemanha nazista ou um consórcio predatório de antigos burocratas, como na ex-União Soviética após o "tratamento de choque" da implantação forçada do mercado irrestrito – o protótipo da situação de massa como liquidação de vínculos sociais, aliás. Ou então, o conjunto organizado de estímulos oferecido pela indústria cultural.) Não é fortuita a analogia com a ideia hobbesiana do estado de natureza. Se este, não obstante pareça definitivamente superado no contrato entre os indivíduos anteriormente dissociados que os unifica sob o poder civil, persiste como sombra sempre prestes a se apresentar na falha do soberano, algo análogo ocorre com a situação de massa. Está sempre pronta a emergir. Seja quando o poder constituído não alcança assegurar a forma da sociedade na ausência de um poder constituinte capaz de lhe imprimir nova forma, seja quando um poder constituinte autoritário logra impor em seu benefício a continuidade da situação de massa, convertendo-a em forma social espúria, mas persistente (no limite como base do chamado regime "totalitário", nas suas variadas formas, algumas com semblante suave, como há muito advertia Tocqueville).

Entender essa figura social nos modos que assume em diversas sociedades e em diversos momentos históricos é essencial para entender o que acontece hoje à nossa volta, quando novas formas de rompimento de vínculos convivem com a busca de outros, que necessariamente passam pelas modalidades de comunicação disponíveis, entre as quais aquela com a qual ninguém sonhava quando este livro foi escrito, o complexo de redes digitais. Um exemplo provocativo de conexão entre os temas do livro e os atuais consiste na questão da passagem da atenção às "massas" para as "redes". Ocorre que a prevalência da organização da comunicação na forma das redes digitais não colide com a geração de situações de massa; e a relação entre essas duas dimensões é um problema premente para a análise dos processos comunicativos. Na mesma linha, pode-se propor, até como tema de pesquisa, a comparação e busca de nexos entre a transmissão de significados via redes e o velho fenômeno do "rumor", quando mensagens se propagam em vertiginosa velocidade sem suportes tecnológicos aparentes. A questão da organização desses fluxos de informação foi problema muito estudado, por razões de propaganda, na Segunda Guerra Mundial (uma pesquisa numa revista como *Public Opinion Quarterly* pode ajudar nisso). Conhecer bem as mudanças de fenômenos desse tipo em relação aos dias atuais não é coisa desprezível, até porque suscita a questão da conveniência de submeter-se a noção de rede à análise crítica, tal como aqui se faz com a de massa. Assim como não é ocioso retomar o tema da esfera pública e da opinião pública. E, por último, que mal pode fazer trazer de novo ao debate o já quase soterrado tema da ideologia?

O essencial, como foi assinalado neste ponto no exemplo da noção de massa, é que muito do que se apresenta como conceito analítico não o é, embora possa ser importante noção descritiva. Não explica nada, mas requer explicação. Não é solução para entender o modo como a comunicação se dá nas sociedades; é problema a ser enfrentado mediante a busca dos determinantes objetivos da sua produção nas formas específicas que assume. Enfatiza-se, neste livro, que procurar explicar algo em nome de ideias como as de massa e de opinião pública é ficar preso no nível da ideologia, sem alcançar aquilo que interessa para a explicação, que é o rigor conceitual.

Na releitura não foram feitas modificações de maior monta na edição original. Foram, porém, omitidas a introdução original e as conclusões, meros cacoetes acadêmicos. A modificação mais importante consistiu na completa eliminação das notas de rodapé no original. Perde-se um pouco de informação em alguns pontos, mas ganha-se muito no andamento da leitura (que escapa de ser interrompida por coisas como uma nota com a informação *idem, ibidem*). As referências a autores e obras feitas no corpo do texto encontram-se no final da obra. Convém advertir para uma consequência da preocupação com imprimir alguma fluência ao texto com o mínimo de modificações no original. É que isso envolve um afastamento em relação às exigências mais severas do trabalho erudito, da *scholarship*. Isso se manifesta até mesmo nas citações, nas quais não se registram no modo convencional [...] eventuais "saltos" por cortes de passagens laterais ao argumento exposto.

No tocante ao conteúdo, em certo momento cheguei a considerar a ideia de eliminar, no capítulo final, as passagens sobre Althusser e sua escola. Razão para isso, se houvesse, seria o caráter demasiado sumário daquelas considerações, dada a importância dessa linha de pensamento na época. Nesse e em outros casos acabou prevalecendo o parecer de que, se não se altera o texto para mais tampouco se altera para menos.

Problema semelhante, mas com sentido oposto, surgiu com referência a outro autor eminente. Ao preparar esta nova edição, voltei a deparar-me com questão que havia sido deixada inteiramente de lado na versão original e que me fora apresentada por um dos meus arguidores de tese, Ruy Coelho: a ausência da figura de Antonio Gramsci. Curiosamente, outro membro da banca, bem mais "gramsciano" (autor de obra reconhecida na área), Michel Debrun, não adotou essa posição. Devo confessar que em mais de uma ocasião cheguei a cogitar a possibilidade de dedicar uma nova seção à bem-espinhosa tarefa de um confronto entre Gramsci e a teoria crítica da sociedade (a chamada "Escola de Frankfurt"), a qual, esta sim, havia me servido de referência, e serve até hoje. Tenho, entretanto, a impressão de que, por mais que aquela cobrança tivesse sido eficaz na tarefa de contestação do trabalho, Debrun teve a intuição certa ao não adotá-la. Embora o exame do conceito de hegemonia pudesse caber no contexto do tratamento da ideologia na sua concepção gramsciana, isso ocorreria como desdobramento do argumento mais do que para elucidar os problemas propostos. Qualquer coisa a mais somente representaria desvio de rumo, sem maiores ganhos. Quanto à questão substantiva que poderia ser invocada, a do tratamento do tema dos "intelectuais e da organização da cultura", ela simplesmente escapa ao escopo do texto; pertence a uma dimensão do tema que nele deliberadamente fica fora. É verdade que perdi, assim, a oportunidade de me valer de uma das inúmeras intuições agudas de Gramsci, que estava ao meu alcance na época: a de que, como ele comenta na sua crítica ao livro de Bukharin sobre sociologia (obra nada desprezível, por sinal, que teve a duvidosa sorte de ser criticada por nada menos do que Lukacs e Gramsci), o tratamento estatístico de conjuntos sociais equivale a tomá-los como "massas", ou seja, em condição de passividade, não como sujeitos ativos. Conclusão: é difícil ser ao mesmo tempo frankfurtiano e turinês (mesmo quando se tenha fundo domínio de ambas as correntes, exigência que, naquela época ainda mais do que hoje, eu não teria como cumprir).

Difícil, de resto, não me lembrar de outros reparos que calaram fundo. Como quando, na sua mescla única de exigência severa e tom fraterno, Luiz Roberto Salinas Fortes me cobrou mais cuidado no tratamento de Rousseau e da questão da opinião pública no século XVIII. Razões para isso não lhe faltavam, por certo. (Verdade que a tarefa seria mais fácil se já existisse o livro de Milton Meira do Nascimento sobre opinião pública na Revolução Francesa, e tanta coisa que veio depois.) Ou então quando Walnice Galvão se referia ao tratamento pouco incisivo dado a esse *pitbull* do pensamento que é Hegel (e suavemente me lembrava de que a tradução de *novel* não é novela). Ou ainda quando, agora mesmo ao mais uma vez me ajudar na revisão, Amélia chama minha atenção para meus maus modos com autores como Parsons e Touraine.

*

Na edição original é feita menção expressa, reiterada aqui, a duas pessoas muito caras, que, na fase de redação, muito me haviam ajudado com seu apoio, cada qual à sua maneira. Amélia, como sempre, e Clarice, na época ainda analfabeta, embora depois, como antropóloga, muito apoio oferecesse ao pai nos seus embaraços com o conceito de cultura. Agora, posso acrescentar um nome e seu prolongamento: o de Sérgio, que, tendo vindo logo depois, só mais tarde teve ocasião, como poeta e editor, de me mostrar muita coisa no campo da criação cultural e das políticas culturais, e o do pequeno Leo, do qual talvez algum dia possa esperar leniência apesar do seu veredicto conclusivo de que "vovô não é mesmo inteligente". A todos eles, que formam um inseparável "bloco histórico" (justiça a Gramsci, finalmente), dedico este testemunho de fase áurea da minha vida.

1
Massa: a noção e o seu alcance

Encarado de uma perspectiva descritiva, estritamente sistemática (para usar o termo de Mannheim, com sua alusão a algo próximo à etnografia em contraste com a etnologia), o termo *massa* designa uma coletividade de grande extensão, heterogênea quanto à origem social e espacial dos seus membros e desestruturada socialmente. Isto é, trata-se de um coletivo, contíguo ou à distância, de indivíduos indiferenciados quanto a normas de comportamento, valores e posições sociais, pelo menos naquilo que diz respeito a uma situação determinada. Assim entendida, a noção se apresenta como útil para distinguir certas formas de agrupamento humano, e de comportamentos coletivos correspondentes, no interior de um contínuo analítico que vai do ajuntamento mais ocasional e efêmero possível – a multidão – até as formas mais altamente estruturadas de grupos sociais. Trata-se, é bom lembrar, de uma noção apenas aparentemente descritiva de um fenômeno real. Como todos os conceitos desse tipo, corresponde mais a uma construção relativamente vazia e – ponto importante na nossa argumentação posterior – que se propõe ser neutra.

Suponhamos agora que, estimulados pela facilidade de localização da noção descritiva de "massa", passemos a procurar uma via igualmente cômoda para o entendimento preliminar da noção de "cultura de massa". Uma boa fonte presumível para resolver o problema seria o exaustivo inventário de acepções do termo "cultura", organizado por Kroeber e Kluckhohn. A primeira decepção não se faria esperar: nada, ao longo de mais de 400 páginas repletas de conceitos e definições cuidadosamente catalogadas, permite entender o sentido dessa associação entre "cultura" e "massa", tão comum, embora, na bibliografia recente.

Três suposições se impõem, desde logo. A primeira é que a expressão "cultura de massa" é demasiadamente recente para ter encontrado lugar no inventário de Kroeber e Kluckhohn, publicado originalmente em 1952. Isto, apesar das discussões em apêndices, acerca de noções como "cultura de classe" e "cultura nacional" na União Soviética e na Alemanha. A segunda suposição é a de que, da perspectiva antropológica adotada, naquela obra pelo menos, a justaposição entre "massa" e "cultura" simplesmente não faz sentido. Não haveria, dessa perspectiva, como construir um conceito híbrido desse tipo, em que um termo se refere a um fenômeno carente de estruturação interna e o outro, cultura, tem sua própria razão de ser no caráter organizado do seu objeto. De resto, a afinidade entre a noção original de cultura e a de desenvolvimento orgânico já foi bem-explorada, em vários contextos.

Finalmente, teríamos que admitir que a ênfase nessa construção híbrida não está na noção de "cultura", mas sim na de "massa". Estaríamos, então, na contingência de procurar desvendar os laços algo enigmáticos que ligam esses dois termos.

Nesse ponto, somos obrigados a passar em revista, ainda que de modo sumário, a problemática sociológica das massas, com tanto maior razão porque encontramos, ao lado do híbrido "cultura de massa" o seu correspondente "sociedade de massas", em relação ao qual se põem os mesmos problemas. Conforme o proposto, essa revisão não terá por objetivo reconstruir historicamente a emergência dessas noções, pois que isso nos desviaria do nosso problema principal. Nossa preocupação é outra. Trata-se de submeter essas noções a uma análise que talvez pudéssemos chamar de temática: reconstruir as articulações da própria problemática da reflexão social que lhes está subjacente, tendo em vista deslindar a constelação de temas e preocupações que, associados a cada termo isoladamente, num contexto histórico dado, condicionam por seu turno o significado das associações possíveis entre eles.

Um traço que pretendemos ressaltar, no nosso tratamento preliminar do problema da massa, consiste em que, ao longo de todo o desenvolvimento histórico da reflexão a seu respeito, está implícita a atribuição a essa categoria social de uma certa responsabilidade pelo surgimento, efetivo ou possível, de determinadas características do sistema social e cultural global. Assim, à presença e ação da massa atribuía-se, no século XIX, a ameaça constante de disrupção social e terror político revolucionário; posteriormente, a sua presença, entendida como "disponibilidade", é tida como substrato de movimentos políticos "totalitários"; finalmente, ela é encarada como condicionadora de um aviltamento dos valores estéticos e culturais em geral. Paralelamente, contudo, a atitude dos observadores e analistas em relação a esse mesmo fenômeno social sofre uma transformação digna de nota: do alarme que caracteriza as reflexões conservadoras do século XIX, passa-se a uma atitude de mal--estar e mesmo desprezo no início do século XX. Finalmente, com a definitiva incorporação do tema pelas Ciências Sociais, adota-se uma postura simplesmente neutra, de aceitação sem maior exame desse suposto dado do real, apto a ser correlacionado com outros ao mesmo título que eles. É nesse caminho que se passa da ideia de massa como nociva à própria sobrevivência da "sociedade civil" para a noção, contemporânea, da "sociedade de massas".

Como é sabido, a preocupação com o fenômeno social massa é um legado do pensamento político conservador do século XIX, e remonta à reação contra a Revolução Francesa. Neste sentido, o termo, quando usado no contexto de uma reflexão sistemática, tende desde a origem a ter uma conotação negativa, de tom conservador. Isso deriva da dupla tensão que caracteriza o campo de ação do pensamento conservador. Por um lado, como aponta Mannheim, esse estilo de pensamento, oriundo do tradicionalismo, emerge, "em última instância, do caráter dinâmico do mundo moderno" e, sobretudo, de uma sociedade "na qual a mudança ocorre por meio do conflito de classes – uma sociedade de classes". A noção de massa tende a emergir, assim, em contraposição àquela de classe, na medida mesmo em que esta é componente básico do universo de discurso revolucionário em formação na mesma época. É claro que a noção de massa também aparece na tradição de pensamento oposta à conservadora; mas é como substituto ocasional daquela de classe ou, pelo menos, como subordinada a esta, e não como elemento organizador do discurso. Basta recordar, neste contexto, a análise do golpe de Estado de Luís Bonaparte, por Marx: por exemplo, quando se referindo à atitude do "órgão da aristocracia financeira", o *Economist* de Londres, que se referira à traição "que as massas proletárias ignorantes, grosseiras, estúpidas, perpetraram contra a habilidade, a ciência, a disciplina, as capacidades intelectuais e as qualidades morais das camadas médias e superiores da sociedade", comenta que "essa massa não era senão a própria massa burguesa".

Por outro lado, a conotação conservadora do termo massa é dada pela circunstância de que, no pensamento conservador, ela designa negativamente aquilo que seria manifestação social de uma dimensão do estilo de pensamento que Mannheim caracteriza como "burguês-revolucionário", com referência ao início do século XIX. Essa dimensão seria dada por aquilo que o mesmo autor designa por "atomismo e mecanicismo", segundo o qual "unidades coletivas (o Estado, as leis etc.) são construídas a partir de indivíduos ou fatores isolados".

A cristalização do termo massa (e seu correlato "multidão", naquilo que se propõe ser uma análise científica) deu-se no final do século XIX, especialmente na França. Esta já havia produzido as invectivas de Taine contra a Revolução Francesa e as análises de Tocqueville sobre os riscos inerentes ao processo de homogeneização que ele enxergava na sociedade norte-americana de meados do século XIX, na sua obra sobre a democracia na América. O nome que ocorre, neste contexto, é o de Gustave LeBon, com sua obra de 1895, sobre a "psicologia das massas". (O termo usado por LeBon é *foules*, mas, como veremos, a distinção entre multidão e massa não é pertinente à sua obra.)

LeBon parte de um problema que, na sua formulação, soa como uma versão pervertida da doutrina liberal acerca da autonomia individual e do seu papel constitutivo na sociedade civil. Trata-se, em última instância, de compreender como um aglomerado de indivíduos que, isoladamente, são capazes de discernimento e de comportamento racional, adquire características diversas daquelas de cada um dos seus componentes individuais, ou do seu simples agregado. A explicação, para LeBon, é dada pela "lei psicológica da unidade das multidões", segundo a qual, em situação de massa, não importam as diferenças entre os indivíduos componentes, pois todos eles, "pelo fato de se terem transformado em uma multidão, ficam de posse de algo como uma mentalidade coletiva, que os faz sentir, pensar e agir de maneira totalmente diversa da que cada qual sentiria, pensaria e agiria em estado de isolamento". Toda a análise de LeBon está construída no sentido de demonstrar o caráter irracional, impulsivo e mesmo regressivo da ação das massas. "Pelo mero fato de formar parte de uma multidão organizada [isto é, de uma associação de indivíduos com vistas em alguma ação] um homem desce vários degraus na escala da civilização. Isolado, ele poderá ser um indivíduo cultivado; na multidão, é um bárbaro – ou seja, uma criatura que age por instinto". Mesmo porque "as massas, pouco adaptadas ao raciocínio, são, contudo, rápidas no agir".

Os termos multidão e massa são intercambiáveis em LeBon. Na realidade, todas as formas de grupamento acabam sendo tratadas na sua obra em termos de *foules*. Atesta-o a classificação por ele proposta. Distingue entre multidões "heterogêneas" e "homogêneas". As primeiras, às quais dedica o grosso de seu estudo, podem ser "anônimas" (ajuntamentos de rua, por exemplo) e "não anônimas" (júris e assembleias parlamentares, por exemplo). As segundas compreendem as "seitas" (políticas, religiosas etc.), as "castas" (militar, sacerdotal, "trabalhadora" etc.) e as "classes" (as "classes médias", as "classes camponesas" etc.).

A sua obra, contudo, tem endereço certo. Procura caracterizar a nova era histórica, de cuja emergência seria testemunha, ainda no período de "transição e anarquia" que a precederia: a "era das multidões". Trata-se da "entrada das classes populares na vida política". É nesse ponto que a identificação entre multidões, massas e classes populares fica clara em LeBon. "É pela associação que as multidões atingem uma consciência da sua força. Atualmente as exigências das massas se tornam cada vez mais claramente definidas. O direito divino das massas está em vias de substituir o direito divino dos reis".

Ainda estamos longe das definições límpidas e pacíficas daquilo que Mannheim denominaria Sociologia Sistemática. Seria errôneo, contudo, deixar LeBon de lado, como um resquício da pré-história das Ciências Sociais. Errôneo, em primeiro lugar, porque não somos nós que, por mero interesse acadêmico, o ressuscitamos: as suas reedições e sua difusão em livros de bolso nos Estados Unidos demonstram que suas ideias ainda encontram adeptos. E não por acaso: o seu tom é arcaico apenas na virulência dos seus argumentos, vulneráveis à mais primária análise ideológica. No mais, mantém sua atualidade, na medida em que aspectos básicos da sua construção ideológica não foram superados pela ciência social contemporânea, mas simplesmente incorporados após uma depuração e neutralização sistemática. Entre eles está a própria noção central de massa, e sua correlata, a "era das massas", mas sobretudo a problemática posta por ele ainda persiste em grande parte da discussão contemporânea acerca do "comportamento coletivo".

Designa-se por comportamento coletivo nas ciências sociais contemporâneas, sobretudo de língua inglesa, uma forma específica de ação de grupos humanos: precisamente aquela suscetível de ser encarada como "irracional", "aberrante" e, sobretudo, não institucionalizada. Os motins (*riots*) são o exemplo clássico. Referindo-se à assimilação da problemática dos técnicos europeus pelas ciências sociais norte-americanas, um crítico liberal dos modelos de comportamento coletivo mais em voga nos Estados Unidos observa: "Transplantados para a Sociologia e a Psicologia Social americanas, os pressupostos dos teóricos europeus sofreram considerável modificação. Na ausência de uma tradição feudal, a sociedade norte-americana não foi receptiva às tendências mais explicitamente antidemocráticas representadas nas teorias europeias sobre a multidão. O comportamento irracional das multidões deixava, no mais dos casos, de ser vinculado à emergência da participação democrática no governo e na cultura. O simplista modelo de contágio (*disease model*) do comportamento coletivo foi, na maior parte, substituído por uma nova perspectiva que, enquanto descartava alguns dos temas pretéritos, retinha muitas das suas premissas subjacentes. A maior mudança apresentada pelas análises mais recentes do comportamento coletivo é no sentido de um maior interesse nas causas da desordem. Ao mesmo tempo, concepções antigas acerca da natureza das desordens (*riots*) foram mantidas no mais das vezes".

A formulação é cautelosa, mas dá a entender claramente a persistência dos velhos temas, redefinidos apenas em dois pontos. Em primeiro lugar, a análise que, na sua origem europeia, procurava apreender tendências históricas a longo prazo é redefinida "operacionalmente" na Sociologia contemporânea, para procurar responder às questões mais imediatas a respeito das causas específicas do comportamento não institucionalizado – ou seja, dos motivos pelos quais falham, em casos dados, os processos de controle social. Isso, como bem aponta Skolnick, não é incompatível com a retenção daquelas concepções pretéritas sobre a natureza geral do fenômeno estudado.

Em segundo lugar, há uma redefinição do significado da polaridade básica que articula esse pensamento: aquela que contrapõe o comportamento "racional" ao "irracional". No pensamento explicitamente conservador do século XIX o comportamento irracional é identificado com o das massas numa situação de transição histórica, e a racionalidade acaba sendo identificada com a situação histórica em vias de desaparecer. Nas teorias contemporâneas a identificação "comportamento de massa-irracionalidade" tende a ser mantida, mas a racionalidade é identificada com as instituições presentes. O pensamento conservador ainda tingido de tradicionalismo do século XIX, do que fala Mannheim, converte-se em conservador *tout court*.

Isso se aplica mesmo a concepções mais matizadas, como as de Herbert Blumer, ou até àquela de Roger Brown. Este, embora mantendo o critério da não institucionalização para caracterizar o comportamento coletivo, formula uma engenhosa interpretação das suas formas de manifestação, valendo-se do esquema propiciado pela "teoria dos jogos". Com isso, elimina-se a premissa da irracionalidade das diversas formas de comportamento coletivo (desde o simples pânico até os mais complexos movimentos sociais) para substituí-la pela de uma racionalidade entendida em termos estritamente formais. Admitindo-se, com

Brown, que o elemento peculiar das diversas modalidades de comportamento coletivo está dado pela presença de um dilema no nível do comportamento dos indivíduos envolvidos (tentar salvar-se antes dos outros ou aguardar até que a situação se esclareça, no caso de pânico; seguir ou não as normas vigentes, nos casos mais complexos), torna-se legítimo operar com um esquema construído para apreender as alternativas de ação abertas aos componentes da massa em termos do cálculo dos seus resultados imediatos (*payoff*) comparativos.

Em termos do tratamento do problema da "multidão", como protótipo da "situação de massa", o progresso obtido por esse meio é, contudo, bastante limitado. Brown é explícito a respeito: falar na emergência de um "espírito coletivo" (*group mind*) em condições desse tipo não lhe parece inaceitável em princípio, não obstante a imprecisão do conceito envolvido. Parece-lhe, no entanto, "mais esclarecedor admitir que o que emerge na multidão é uma matriz de ganhos e perdas (*payoff matrix*) que não existia para os seus membros quando não compunham uma multidão".

A razão de tão modesto ganho analítico é clara: diz respeito ao caráter meramente instrumental-formal da racionalidade individual que se toma como base para o exame do fenômeno, em substituição à premissa de uma irracionalidade dada no nível grupal. De pouco serve, portanto, substituir a ideia de uma irracionalidade de fundo coletivo pela de uma composição (matriz) de racionalidades formais e individuais. É que, com isso, ainda não abandonamos o universo de pensamento que engendrou a (falsa) questão de por que indivíduos razoáveis, se considerados um a um, são tomados por formas de insânia coletiva; em outros termos, não é válido tratar a questão mediante uma combinação *ad hoc* do nível individual (psicológico) com o plano (social) da ação.

Um aspecto grave dessa incorporação de noções ideológicas, numa linhagem que se propõe ser rigorosamente científica, é que ela bloqueia a adequada percepção de visões alternativas da problemática em causa, mesmo quando seus fundamentos já estão disponíveis de há muito. É o caso do esforço de Neil

Smelser no sentido de dar maior abertura à sua teoria formal e explicitamente sociológica do comportamento coletivo, na qual este é entendido em termos de uma sequência ordenada em que, por analogia com a análise econômica, se diz que cada passo representa um "valor adicionado" ao processo em causa e constitui um pré-requisito para o seguinte. Isso ocorre quando, em outro trabalho, se apoia em Freud – que, ao contrário de LeBon, está totalmente ausente daquela obra – para consignar os aspectos construtivos, e não apenas destrutivos, desse fenômeno. "A característica principal desses movimentos de protesto – escreve ele, já na ótica do estudo dos movimentos sociais – é o observado por Freud: eles permitem a expressão de impulsos que normalmente estão reprimidos".

À parte as críticas (interessantes, de resto) que Smelser lhe dirige, essa observação não faz justiça à contribuição de Freud; antes, a transfigura, reduzindo-a ao mesmo nível daquela de autores como LeBon, que constituíam mero ponto de partida da sua análise. Afinal, a ideia da expressão de "impulsos inconscientes" em situação de massa é parte essencial da explicação irracionalista desse fenômeno, e está por detrás da sua concepção como fenômeno psicológico e socialmente regressivo. A interpretação freudiana vai muito mais longe. Na realidade, poder-se-ia dizer que seu grande mérito consiste na inversão temática que opera na análise dos fenômenos de massa.

A referência de Smelser a Freud é, contudo, perfeitamente legítima e, ainda que não os explore de modo conveniente, ele toca nos dois aspectos essenciais para a compreensão da sua contribuição nessa área. Esses aspectos estão designados pelos termos-chave expressão e impulsos reprimidos; é justamente por não considerar de maneira adequada como esses termos se articulam em Freud que Smelser tende a resvalar para o nível teórico pré-freudiano.

A ideia de que os impulsos que se manifestam em situação de massa são reprimidos e não apenas inconscientes ("substrato mental criado por influências hereditárias", segundo LeBon) é básica nessa teoria. O essencial, contudo, está dado pela forma como se concebe a expressão desses impulsos. A contribuição de Freud, sobretudo em sua obra sobre Psicologia das Massas e Análise do Ego, reside justamente no seu esforço para caracterizar o mecanismo pelo qual esses impulsos se exprimem indiretamente em situação de massa. Não se trata para ele de pensar uma simples emergência de tais impulsos tornados incontroláveis em situação de massa, mas sim de sua redefinição. O mecanismo básico invocado para dar conta desse fenômeno é o de identificação. Refere-se ele à capacidade da dimensão do psiquismo humano diretamente voltada para o mundo exterior – o Ego – de tomar por modelo uma figura idealizada – o Ego ideal, cujo paradigma é o pai – e investir nela a sua carga libidinal. Sob esse aspecto, o mecanismo de identificação funciona como um canalizador de energia psíquica, que não vem à tona para dirigir-se ao seu objeto imediato (sexual na origem), mas propicia um vínculo libidinal entre cada sujeito e outros. Na situação de massa analisada por Freud o fenômeno básico consiste precisamente na substituição do Ego ideal de cada um de seus membros pela figura do líder.

Desta forma, a massa não é entendida como o *locus* de uma explosão de impulsos associais, mas, pelo contrário, é precisamente uma forma básica de constituição de vínculos sociais. É por isso mesmo que Freud, usando o termo massa num sentido muito amplo, que abrange os de grupo e instituição, escolhe para a sua análise, ao contrário de LeBon, aquilo que chama de "massas artificiais". Trata-se de agrupamentos altamente organizados (no caso a Igreja e o Exército) suscetíveis de incorporarem a distinção básica por ele estabelecida entre massas "com líder" e "sem líder". As massas ditas artificiais são eminentemente aquelas dotadas de líder. Este, por seu turno, é o elemento aglutinador do conjunto na medida em que é o objeto do mecanismo de identificação para todos os seus membros ao ser tomado por eles como o Ego ideal.

Configura-se, assim, uma passagem do tema da massa como fenômeno associal para aquele da massa como situação paradigmática da formação da própria sociedade e da cultura. Os impulsos reprimidos podem vir à tona de dois modos: no indivíduo isolado ou em grupo. O primeiro caso é tendencialmente anormal por estar à margem das regras de convivência social; no limite, configura-se a neurose. É a situação de massa que propicia as condições para a segunda dessas formas, e neste sentido é o sustentáculo do disciplinamento desses impulsos que está por detrás da sociedade e da cultura.

Neste ponto, a distinção entre massa com líder e sem líder revela o tema subjacente, que é o da dominação. É verdade que é também aqui que o matiz conservador de Freud vem à tona, tal como se explicitaria em obras posteriores. Cultura é entendida por Freud no sentido mais amplo do termo: "Ela abrange, por um lado, o conjunto de conhecimentos e técnicas adquiridas pelos homens para dominar as forças da natureza e trazer os seus bens para a satisfação de necessidades humanas, e, por outro lado, todos os arranjos necessários para regular as relações dos homens entre si, em especial no tocante à distribuição dos bens acessíveis". Como tal, ela se opõe ao indivíduo isolado: "A cultura deve ser defendida contra o indivíduo, e os arranjos, instituições e normas se põem a serviço dessa tarefa". Isso ocorre porque "cada cultura tem que ser edificada sobre a coerção e a renúncia aos impulsos", sem as quais emergiriam as "tendências destrutivas e portanto antissociais e anticulturais existentes em todos os seres humanos". A cultura é, assim, entendida como o resultado de um trabalho de renúncia a impulsos (*Kulturarbeit*). E aqui vem à tona a origem última da insistência de Freud na necessidade de líderes das massas para que os mecanismos de expressão social e cultural dos impulsos ganhem vigência: "Tampouco quanto à coerção para o trabalho da cultura pode-se prescindir da dominação de massa por uma minoria, pois as massas são inertes e obtusas, não apreciam a renúncia aos impulsos, não são suscetíveis de serem convencidas da sua inevitabilidade por argumentos, e seus indivíduos se reforçam mutuamente na tolerância ao desenfreamento".

Temos aqui um pensamento cujo fundo conservador é dado pelo pessimismo com que se encara a possibilidade (que admite) de levar avante experiências culturais não repressivas. Os limites da mudança cultural são vistos como sendo dados por aqueles da capacidade de educação das pessoas. Complementarmente, o pessimismo freudiano é sustentado pela invocação do clássico tema de "quem educará os educadores". Não se trata, contudo, da modalidade clássica do pensamento conservador – ou, com mais forte razão, do pensamento reacionário – porque é implacavelmente racional. Não há nele lugar para qualquer irracionalismo. É essa abertura do pensamento freudiano que permite retomar num outro registro a sua ênfase no problema da dominação, como o faz o grupo de Frankfurt.

É também a essa abertura que se deve a percepção, por Freud, de questões que mais tarde seriam apontadas como conquistas básicas do moderno pensamento sociológico. Na sua obra sobre a psicologia das massas ele antecipa boa parte daquilo que aparece na literatura sociológica acerca dos "grupos de referência" e da importância dos "grupos primários" no processo de formação e transmissão da cultura. "Cada indivíduo [escreve ele] é parte componente de muitas massas, multiplamente vinculado mediante identificação, e construiu o seu Ego-ideal conforme os modelos mais diversos. Cada qual participa, assim, de múltiplas mentalidades de massa, da sua raça, do seu *status*, da comunidade de crença, da nacionalidade etc., e pode alçar-se acima disso no sentido de uma parcela de independência e originalidade."

Com isso, rejeita-se a insistência na importância das massas efêmeras (multidões) em favor das organizadas e elimina-se ao mesmo tempo o perigo de conceber a sociedade global como uma única massa de grandes proporções (como tendem a fazer alguns teóricos da "sociedade de massas"). Disso resulta a ideia realmente inovadora de que as massas, tomadas como múltiplas no interior de um todo maior, podem ter condição de individualização, tanto ou mais do que de dissolução da personalidade. Esta ocorre, como vimos, no indivíduo isolado.

A inversão temática assim imprimida à análise do fenômeno massa, ao retirá-lo da órbita da irracionalidade e da associalidade e entendê-lo racionalmente como fenômeno vinculado a processos de associação e dominação, abre caminho para uma visão muito mais rica do problema. É verdade que, no caso de Freud, o avanço teórico é conquistado à custa do caráter demasiado vago dos conceitos de fundo sociológico utilizados. Sua noção de massa confunde-se com a de associação em geral, com a agravante de que se trata de lhe atribuir um alto grau de organização. Isso contrasta com a concepção descritiva de massa e comportamento de massa, que ressalta precisamente o seu caráter não organizado (retomando, aí, a tradição conservadora). Blumer, por exemplo, reserva o atributo da organização para os movimentos sociais. As potencialidades desta ótica da questão não se perdem por isso e são exploradas a fundo pelo grupo de Frankfurt, em obra coletiva organizada por Horkheimer e Adorno. "A massa, sustentam eles, é produzida socialmente, não é natureza imutável; não é uma comunidade originariamente próxima ao indivíduo, mas somente se aglutina através do aproveitamento racional de fatores irracionais-psicológicos; ela dá aos homens a ilusão de proximidade e vinculação. Precisamente enquanto tal ilusão, contudo, ela pressupõe a atomização, alienação e impotência do indivíduo isolado. A fraqueza objetiva de todos [...] na sociedade moderna predispõe cada qual também à fraqueza subjetiva, à capitulação como sequaz da massa. A identificação, seja com o coletivo, seja com a superior figura do líder, propicia ao indivíduo o sucedâneo psicológico para aquilo de que é privado na realidade". Essa formulação – que deve ser tomada pelo que realmente representa: resultado de um seminário de estudos, e não a expressão precisa do pensamento dos orientadores do grupo, embora na passagem citada seja nítida a marca de Adorno – antecipa aqui questões a serem discutidas mais adiante, sobretudo quando tentarmos estabelecer a distinção entre o fenômeno empírico designado por massa e o próprio conceito teórico aí utilizado. O essencial, neste ponto, é que ela sugere uma diretriz de análise que nos parece mais adequada. Ao irracionalismo do pensamento conservador-reacionário se opõe a ênfase no aspecto racional do fenômeno; e, em contraposição à "neutralidade" vazia da definição sistemática, ressalta o que ele tem de irracional. Apresenta, sobretudo, o elo que permite articular essa polaridade racional/irracional ao destacar a noção de dominação, concebendo a massa como produto social do aproveitamento racional de elementos irracionais disponíveis.

Há, contudo, um aspecto do texto acima citado que suscita dúvidas da perspectiva aqui adotada. É que nele se atribui, sem mais, ao fenômeno massa uma realidade empírica apta a sustentar a reflexão e a pesquisa científicas. Retoma-se o velho tema da massa como agregado de indivíduos atomizados, e somente se vai mais além ao apontar que tal entidade é resultante de uma dinâmica social específica, que formaria o próprio objeto da análise. Essa mudança, da ênfase na massa como dado para o seu exame enquanto produto, que remete às condições sociais da sua produção, representa um real avanço. É preciso ir mais longe, contudo. Põe-se ainda a questão da produção, não de um suposto fenômeno empírico massa, mas da própria noção que o designa. Vale dizer, é preciso examinar em que medida a massa é um produto social concreto em busca do seu conceito ou se se trata fundamentalmente de uma representação, recoberta por uma noção ideológica: justamente o suposto conceito científico massa.

2
Público, elite e massa: a dimensão política

Ao ressaltar a dimensão de dominação inerente à noção de massa, a perspectiva que estamos comentando permite superar o plano psicossocial para chegar às suas raízes políticas. E isso nos propicia uma constatação apenas aparentemente banal. No pensamento político moderno, a noção de massa aparece no início difusamente para depois cristalizar-se em conceito, no sentido de designar pura e simplesmente a parcela majoritária da população. Contrapõe-se assim às noções de elite e público. Esses dois contrastes merecem melhor exame.

Uma formulação recente de fonte autorizada (Harold Lasswell) leva ao seu extremo lógico a contraposição elite-massa. "Os valores disponíveis podem ser classificados como deferência, renda, segurança. Aqueles que obtêm a maior parte são elite; o resto é a massa".

Na sua concepção clássica, de inspiração conservadora, a elite é concebida essencialmente como uma minoria organizada que, graças à superioridade intrínseca dos seus componentes, exerce dominação legítima sobre uma maioria não organizada: a massa. Essa concepção sofreria dois tipos básicos de mudança no decorrer do século XX. Primeiramente, a análise, sem deixar de tomar como ponto de referência sua formulação anterior, passa a concentrar-se no esforço para demonstrar que a organização relativa das elites estaria diminuindo, que seus padrões e formas de recrutamento estariam perdendo rigor; enfim, que elas estariam se tornando vulneráveis, com graves riscos para a estabilidade política. Exemplo disso seria a análise, por Mannheim, na sua importante obra sobre o homem e a sociedade numa era de reconstrução, das transformações sociopolíticas que observava na década de 1930. O segundo passo é dado quando se abandona o postulado da unidade interna da elite, mas se retém o critério do monopólio de influência por uma minoria, para entendê-la como um todo compósito, cuja unidade advém mais do seu exterior, em função de uma estrutura econômica e social dada. É a "elite do poder" de Wright Mills. Complementarmente, temos o esforço para salvar o essencial do pensamento elitista, evitando contudo a adesão estrita à sua noção básica. É o que faz, por exemplo – segundo sugestões que remontam a Mosca –, Raymond Aron ao complementar essa noção com as de "classe dirigente" e "classe política", ao mesmo tempo em que insiste na multiplicidade das elites na "sociedade industrial". O conteúdo empírico da noção de elite diz respeito, obviamente, a uma forma específica de distribuição e exercício do poder. O governo da elite, escreve o comentarista James Meisel, "significa a manipulação coletiva das massas por um pequeno grupo de liderança ou por vários desses grupos". O mesmo autor apressa-se, contudo, em assinalar que isso não esgota a questão. "A crença no governo da elite é um mito – um mito no sentido soreliano, de uma convicção não necessariamente baseada em fatos empíricos, mas na fé, numa confiança imune às admoestações da razão crítica. Isso tem a virtude de tocar o ponto essencial: o problema não é o da simples presença de minorias dominantes, mas da legitimação do seu domínio enquanto "elites". Resta saber se uma noção tão obviamente construída pelos interessados, para justificar sua posição de mando na sociedade, pode ser considerada apta a converter-se em conceito científico. Na realidade, a noção de elite representa a quase exata contrapartida daquela de massa. Trata-se de construção de caráter ideológico, no sentido mais imediato do termo. É contrapartida "quase exata" porque o estatuto histórico dessas noções não é equivalente. Ambas são produzidas na mesma área da sociedade: justamente aquela ocupada pelas "elites". É por isso que Meisel pode dizer que o "governo da elite" é um mito político, mas não poderia dizê-lo da "carência de governo" das massas; pois estas não se autodefinem como tal, mas são objeto de uma determinação ideológica atribuída pelas "elites". Em nenhum lugar isto fica mais claro do que na formulação do liberal conservador Ortega y Gasset, em seu tão famoso ensaio sobre a "rebelião das massas": "Como as massas, por definição, não devem nem podem dirigir sua própria existência e ainda menos reger a sociedade, quer-se dizer que a Europa sofre agora [com o advento das massas ao poder social] a mais grave crise que povos, nações ou culturas possam padecer".

É por isso mesmo que ninguém se autodefine como membro da massa, nem essa autoidentificação é encontradiça no plano coletivo, embora ocorra nos casos da elite e do público. "As massas são sempre os outros, que não conhecemos, nem podemos conhecer", comenta um autor oposto a Ortega no espectro político, Raymond Williams.

Voltaremos a essa questão mais adiante ao tratarmos das modalidades de cultura e do problema da ideologia. Importa agora examinar a outra polaridade apontada, aquela entre massa e público. Ressalte-se, desde logo, que a noção de público é inseparável daquelas de opinião (na área política) e de gosto (na esfera estética); em suma, de formação de preferências coletivas. Com isto, estamos ainda muito próximos da acepção do termo num registro meramente sistemático. Nessa perspectiva, o público é uma forma elementar de agrupamento, que se aglutina em função da controvérsia acerca de uma questão de interesse comum. "A presença de uma questão, da discussão e de uma opinião coletiva é a marca do público", sustenta Herbert Blumer. Dessa perspectiva, a noção de público implica modalidade específica de obtenção de consenso numa coletividade: da multiplicidade de opiniões individuais chega-se, através do debate aberto, ao nível da opinião coletiva, pública. O mecanismo que se supõe subjacente a isso evoca de imediato a analogia com a noção de mercado na teoria capitalista liberal. A formulação e a aceitação (ou não) de opiniões individuais encontrariam, mais cedo ou mais tarde, o seu ponto de equilíbrio, aceito pelo conjunto em suas "transações".

Essa analogia suscita ainda outro paralelismo mais profundo. É que, em ambos os casos, estamos diante de situações fictícias, de construções tipificadoras. Em condições históricas similares, mas não simultâneas, emergem os fundamentos da dupla ficção do *homo economicus* e do *homo politicus* como entidades puramente racionais, ou antes, capazes de desenvolver um interesse racionalizado movendo-se num mercado livre, de bens ou de ideias. Na esfera econômica, isso ganha sua expressão clássica ao se sustentar, com Adam Smith, que o livre jogo dos interesses particulares conduz "naturalmente" à melhor ordem econômica e, portanto, à maximização do bem-estar coletivo. No campo político, por seu turno, o pressuposto é o de que o livre jogo das opiniões conduz à sua cristalização num consenso, precisamente a opinião pública, apta a propiciar, se levada à prática, a melhor forma de ordem política.

O ponto básico, aqui, reside naquele condicional: o aperfeiçoamento da ordem política depende da obtenção de poder pelo público (conjunto dos cidadãos), por seus representantes diretos. As próprias noções de público e de opinião pública se vinculam, assim, a uma reivindicação de poder por grupos sociais determinados: precisamente aqueles que se apresentam como portadores dessas categorias.

É claro que as ideias econômicas de Adam Smith não eram neutras. Exprimiam, pelo contrário, aspirações congruentes com mudanças mais profundas na sociedade em que foram engendradas. A diferença básica que aqui se delineia, contudo, é que a "ficção econômica" liberal constitui uma expressão mais direta das aspirações de uma camada bem definida da sociedade, ao passo que a "ficção política" se desenvolve, em momentos diferentes ou concomitantemente, em agrupamentos sociais mais diferenciados quanto à posição e interesses sociais básicos.

Nesse sentido, a noção de opinião pública assume formas muito mais complexas e diferenciadas na sua evolução. Na Inglaterra, por exemplo, a reivindicação econômica da livre ação empresarial no mercado se exprime com clareza e força congruentes com o seu embasamento social numa burguesia industrial em ascensão. Mas isso não tem contrapartida direta na esfera política, visto que, à parte as interpretações simplistas, não há como entender a evolução política inglesa como expressão direta de uma suposta ascensão direta de uma burguesia ao poder. As instituições políticas inglesas já estavam suficientemente sedimentadas numa estrutura social que lhes concedia flexibilidade bastante para permitir uma absorção dos membros de novos grupos sociais, representativos das novas formas de organização econômica, por um processo de fusão neutralizadora, mais do que de ruptura revolucionária, como aponta Perry Anderson.

Isso permite explicar boa parte do caráter peculiar assumido pela emergência da noção de opinião pública no processo político efetivo naquele país. Basta assinalar que a instituição básica no sistema político inglês oitocentista (e até meados do século XIX) retirava sua legitimidade da ficção da *virtual representation*, criada para justificar a soberania parlamentar em face da sociedade civil. Essa concepção era oposta àquela que viria à tona na Revolução Francesa, da representação direta, e é por isso mesmo que a noção de opinião pública como fonte de legitimidade do poder e como respaldo de reivindicações grupais aparece de modo mais consequente na França pré-revolucionária. É que, na Inglaterra, como escreve Ernst Fraenkel, "a composição do Parlamento permaneceu intocada pelo processo de revolução econômica e social que Karl Marx, no capítulo XXIX de *O capital*, descreveu como acumulação primitiva do capital. O caráter fictício da 'representação popular' inglesa de então se deve, em boa parte, à circunstância de que o despovoamento de áreas agrárias fechadas pelas *enclosures* não se manifestou na composição da Câmara dos Comuns, assim como não ocorreu com a aglomeração humana nas cidades que conduziu à formação do exército de reserva industrial. A ação do Parlamento era independente da opinião pública e quase totalmente autônoma. Significativa para a separação entre Parlamento e opinião pública no século XVIII é a formulação de Charles Fox, segundo a qual 'nada me importa a posição do povo; a nós cabe fazer o que é direito sem levar em conta se isso é de agrado geral; a ele cabe eleger-nos; nossa tarefa é agir constitucionalmente e preservar a independência do Parlamento'. A independência do Parlamento em relação à opinião pública foi assegurada, até as vésperas da Revolução Francesa, pela manutenção em segredo dos debates parlamentares". Ocorre notar, neste contexto, que um remanescente atual dessa situação é dado pela circunstância de que o Parlamento inglês, embora dê acesso à imprensa nos seus debates (ao contrário da estrita proibição oitocentista neste sentido), prescinde da forma peculiar de contato com a opinião pública propiciada pelas conferências de imprensa do chefe do governo, usuais na França e, sobretudo, nos Estados Unidos.

Naquilo que poderíamos chamar de "modelo inglês" de emergência da opinião pública como arma na luta política, portanto, o traço essencial é que esta aparece como expressão direta de confrontos que têm origem no interior do Parlamento, e não como palavra de ordem de grupos excluídos da representação. Assim, quando o grande crítico conservador da Revolução Francesa, Edmund Burke, se vê isolado, junto com uma ala do seu Partido, na disputa de posições ministeriais, é para o exterior do círculo parlamentar que ele leva os seus argumentos. Comenta o historiador Robert R. Palmer: "Os Whigs (do grupo de Burke], embora aristocráticos em seus princípios, e inclinados a restringir toda discussão política ao âmbito do próprio Parlamento, contribuíram grandemente para o despertar da opinião pública extraparlamentar. Não encontrando ressonância em nenhuma das Câmaras, eles se dirigiram para fora delas e se ofereceram como líderes de um povo indignado, na esperança de que o povo compartilhasse as indignações dos Whigs".

Examinemos melhor o problema do ponto de vista da evolução do pensamento político. É importante salientar, desde logo, que a noção de opinião, de base individual, precede a de público, de base coletiva. Sua origem última, no mundo moderno, está dada pelas transformações provocadas pelo movimento de Reforma Religiosa, na sua ênfase na consciência pessoal e no impulso dado ao processo de individualização. Podemos encarar a emergência da noção de opinião como o resultado da secularização daquela consciência religiosa individual. Essa secularização necessariamente se vincula à valorização dos "bens terrenos"; ou, em termos mais diretos, ela abre caminho para a construção do tríplice pilar sobre o qual se edificaria o pensamento liberal: individualismo, no plano social; propriedade, no econômico; e opinião, como correlato de cidadania, no político. Dada a íntima interdependência desses três aspectos, tem-se as bases para a formulação, e efetivação, do projeto de uma sociedade civil de tipo burguês capitalista.

Nessas condições, a opinião e sua cristalização coletiva ficam identificadas com a condição de cidadão. Esta, por sua vez, implica posse de propriedade; e, na medida em que se vão delineando os traços do capitalismo emergente, sobretudo na Inglaterra, essa propriedade diz respeito à disponibilidade no mercado tanto de bens quanto de trabalho. Constitui-se, em suma, aquilo que corresponderia ao que MacPherson denomina modelo da "sociedade possessiva de mercado". Os traços essenciais desse modelo são: a) ausência de alocação autoritária de trabalho; b) ausência de provimento autoritário de recompensas pelo trabalho; c) ausência de definição e exigência de contratos; d) todos os indivíduos procuram maximizar suas vantagens; e) a capacidade de trabalho de cada qual é propriedade sua, alienável; f) terras e recursos são possuídos pelos indivíduos e são alienáveis; g) alguns indivíduos almejam um nível de vantagens ou de poder maior do que têm; e h) alguns indivíduos têm mais energia, habilidade ou posses do que outros.

Configura-se, assim, o contexto em que se desenvolve o que MacPherson chama de "teoria política do individualismo possessivo". No plano que nos interessa isso é ilustrado pela redefinição da concepção hobbesiana de opinião, de fundo absolutista, operada por Locke. Em Hobbes temos a cisão entre a "consciência pública" – a lei – que interessa politicamente, e uma "consciência privada", que não passa de "opinião privada" cuja característica é ser "livre em segredo". Em Locke a opinião permanece na esfera privada, mas já adquire foros de instância significativa na esfera política ao ser libertada das peias que lhe atribuía Hobbes e se converter em meio de julgamento moral das coisas públicas. É verdade que, em mais de uma passagem, as formulações de Locke ficam enfraquecidas por estarem ainda presas ao uso corrente do termo, que designava a expressão da reputação das pessoas. O essencial, como sustenta Koselleck, é que "as opiniões dos cidadãos sobre a virtude e o vício já não permanecem para Locke dentro do campo das crenças e pareceres privados; pelo contrário, os juízos morais dos cidadãos possuem por si mesmos um caráter de lei. Deste modo, a moral das convicções, eliminada do Estado por Hobbes, se vê ampliada num duplo sentido".

Por essa via se opera a ampliação do campo privado para a esfera pública, que abre o caminho para a ênfase do pensamento iluminista na questão da opinião e dos seus portadores legítimos. Estes, como já vimos, são os cidadãos, ou seja, a parcela proprietária de bens da população. A maioria não proprietária de bens (ainda que de capacidade de trabalho) fica excluída. A contrapartida dessa exclusão oriunda "de cima" é dada, de resto, pela ausência das noções de opinião e de público no núcleo do pensamento democrático radical inglês do século XVII. As obras do porta-voz dos *diggers*, Gerrard Wistanley, falam diretamente de povo, sem incorporar a linguagem política de seus adversários (nem tampouco a sua secularização do problema da consciência individual que, como se revela nesse caso, retinha potencialidades utópico-revolucionárias na sua expressão original, de fundo religioso).

A restrição do exercício de opinião aos cidadãos/proprietários ocupa lugar tão proeminente no pensamento dos autores representativos deste segmento da sociedade que Locke é levado a ser contraditório nos seus escritos políticos: ao mesmo tempo admite e nega a universalidade do uso do atributo humano básico para a formação de opiniões com peso normativo, que é o exercício da razão. É que, para ele, os membros das classes trabalhadoras ("os pobres", ocupados ou não) não têm nem podem ter acesso a uma vida plenamente racional, pois seus pensamentos estão presos às preocupações imediatas com a sua mera subsistência. A formação e expressão da opinião são tidas, dessa perspectiva, como acessíveis apenas àqueles que, no dizer dos fisiocratas franceses, formam o "público esclarecido": os detentores de condições de lazer que os capacitam a se reunirem nos clubes e sociedades nos quais ela se forma. Durante o século XVIII, de resto, o centro de desenvolvimento da reflexão política naquilo que nos interessa se desloca para a Europa Continental, enquanto que na Inglaterra a preocupação se concentra mais sobre a área em que este país está mais avançado, ou seja, a economia.

É verdade que o tema reaparecerá com tanto maior força no pensamento inglês do fim do século, agora já redefinido sob o impacto da Revolução Francesa, como veremos.

Vale a pena, portanto, deslocar nossa atenção para a França e passar um autor que, nos limites da nossa análise, se revela simultaneamente atípico e de tom surpreendentemente contemporâneo na área que nos interessa. Trata-se de Rousseau, em quem vamos encontrar não só a primazia da justaposição dos termos opinião e público (no prefácio ao Discurso sobre as Letras e as Artes, mas ainda identificando opinião com reputação), como a formulação mais extremada do princípio da individualidade essencial da opinião na esfera política (no Contrato Social, no qual, já falando explicitamente de opinião pública, leva esse postulado às suas consequências aparentemente mais paradoxais). Nas páginas finais do *Discurso sobre a desigualdade entre os homens* a aproximação entre opinião e reputação se torna explícita, para ser usada, num contexto de crítica ao "homem sociável", que "sempre fora de si só sabe viver baseando-se na opinião dos demais, e chega ao sentimento da sua própria existência quase que somente pelo julgamento destes". Não parece difícil demonstrar como, nessa formulação, estão contidas algumas ideias centrais, tanto da reposição "existencial" da versão marxista do problema da alienação (Sartre, Gorz) na sua vertente de esquerda quanto das fontes da crítica liberal, na linhagem que vai de Tocqueville a Riesman.

Em primeira aproximação, o pensamento rousseauniano representaria a contrapartida democrática radical às restrições impostas pelos pensadores precedentes à participação na cidadania. No Contrato, todos aparecem como cidadãos, na medida em que são chamados para formar uma *volonté générale*. Logo se revela, contudo, que essa participação extensa é vinculada às condições específicas dos pequenos Estados e que, para sociedades mais amplas e complexas, vale a conhecida formulação no sentido que "quanto mais aumenta o Estado, mais diminui a liberdade". O Estado pequeno e simples é o requisito analítico para o governo democrático.

De resto, Rousseau é notoriamente cético quanto à possibilidade de realização estrita dessa forma de governo. Isso se dá em virtude da diminuição relativa da importância da vontade de cada qual em face do grande número, e pela necessidade de incluir corpos representativos intermediários entre os cidadãos e o poder público. A nós interessa mais particularmente o modo como aqui entra, ainda que de maneira indireta, a noção de opinião no esquema rousseauniano. A pista para isso é dada pela célebre distinção entre vontade de todos e vontade geral. A primeira não passa do agregado de vontades particulares. Mas, "a vontade particular tende, por sua natureza, às preferências" e "apenas diz respeito ao interesse privado". Faz-se mister, portanto, uma consolidação do conjunto dessas vontades para se atingir a unidade orgânica que é a vontade geral. A vontade particular, uma vez expressa, poderia ser interpretada como se identificando com a opinião. No entanto, esta, quando designada explicitamente por Rousseau nessa obra, é entendida em termos aparentemente diversos daqueles que dariam substância à formação de uma opinião pública através do debate racional e inovador. Trata-se mais de uma cristalização do "bom-senso" inscrito "no coração dos cidadãos" e que "conserva um povo no espírito de sua instituição, e substitui insensivelmente a força da autoridade por aquela de hábito. Falo dos *moeurs*, dos costumes, e sobretudo da opinião; parte ignorada por nossos políticos, mas da qual depende o sucesso de todas as outras; parte da qual o grande legislador se ocupa em segredo enquanto parece limitar-se a regulamentações particulares, que não passam do arco da abóbada, da qual os *moeurs*, mais lentos para nascer, formam enfim o inabalável fecho".

Aqui se enfatiza o primado da opinião, e se formula, pela negativa, a reivindicação no sentido de que ela transcenda a província privada do "grande legislador" ao tornar-se pública; mas essa opinião ainda é encarada como de base costumeira. Corresponderia à expressão possível de um conjunto de interesses privados socialmente arraigados. Para que estes assumam consistência social, contudo, as opiniões devem precisamente abandonar a esfera privada. É aqui que se instala a correspondência entre a legitimidade da opinião, enquanto expressão possível de interesses, e sua redefinição, por eliminação das diferenças, no plano coletivo. É nesse contexto que ganha significação a insistência de Rousseau na individualidade das vontads em face do soberano e sua condenação da presença de grupos intermediários entre ambas essas instâncias. "Importa, portanto, para bem ter o enunciado da vontade geral, que não haja sociedade parcial no Estado, e que cada cidadão não opine senão por si próprio". A vontade geral se forma pela neutralização recíproca das vontades particulares, exprimíveis como opiniões, e estas ganham legitimidade, e instauram a liberdade no plano político, justamente ao abdicarem da sua individualidade no plano social.

São passagens como essas que inspiram intérpretes mais conservadores de Rousseau a verem nele um precursor teórico da chamada "democracia totalitária". Do nosso ponto de vista, contudo, interessa apontar um aspecto digno de nota dessa linha de pensamento. É que, mesmo à custa de converter em psicológico-empírico o que em Rousseau é construção lógica, a sua concepção de opinião prenuncia traços básicos do tratamento da questão da opinião pública pelas ciências sociais contemporâneas. Isso na medida em que estas operam com a manifestação de usos, cristalizados enquanto opiniões e apanhados no nível de suas verbalizações; ou seja, como atitudes individuais isoladas. (A analogia poderia ser levada mais longe se fôssemos explorar a notória preocupação de Rousseau com o controle de opinião. Veja-se, por exemplo, seu artigo sobre "Economia política", especialmente a primeira parte).

É claro que essa transformação da construção hipotética rousseauniana em "conceitos operacionais" para tratar de entidades empíricas e supostamente identificáveis com a "opinião pública" não é explícita em autor contemporâneo algum. Mais evidente ainda é que tal procedimento, ainda que implícito, é indefensável por todos os títulos. É precisamente isso, no entanto, que pretendemos apontar em tom crítico acerca do tratamento contemporâneo do problema. Por ora, basta acentuar que a "pesquisa de opinião" nas Ciências Sociais modernas tende a operar com algo semelhante a um esquema rousseauniano pervertido. É como se, ao abandonar-se a figura teórica do contrato original, o resto fosse suscetível de ganhar estatuto empírico. Neste ponto antecipamos críticas ao moderno tratamento do problema a serem retomadas mais adiante.

Há precedente histórico, contudo, para demonstrar que o abandono da ideia do contrato original pode conduzir a uma concepção de organização política diretamente fundada numa noção de opinião entendida simultaneamente em termos psicológicos, costumeiros e utilitaristas. Atesta-o o pensamento de David Hume. Dez anos antes da publicação de *Contrato social*, Hume, num ensaio de 1742 sobre os "*first principles of government*" propunha uma questão que representava a exata recíproca daquilo que, para Rousseau, seria uma afirmação de princípio. Para este, a democracia, no sentido estrito do termo, não seria possível, pois "é contrário à ordem natural que a maioria governe e a minoria seja governada". Para Hume, que não se preocupava com nenhuma ordem natural originária, mas com hábitos e disposições humanas, a questão se põe em outros termos: como é possível que a maioria, detentora da força, se submeta à minoria? "Quando investigamos por que meios essa maravilha se efetua, encontramos que, como a força sempre está do lado dos governados, os governantes nada têm em seu apoio senão a opinião. É, portanto, apenas na opinião que se funda o governo, do mais tirânico ao mais popular. A força pode ser aplicada aos governados enquanto seres brutos, mas, como homens, eles têm que ser conduzidos pela opinião".

Aqui, neste precursor do utilitarismo em teoria política e do positivismo moderno em filosofia, temos um prenúncio mais claro da dissolução psicologista da noção de opinião (ainda que não se trate de uma psicologia como ciência empírica, mas como conjunto de disposições subjetivas inerentes à "natureza humana" em geral). Isso está, significativamente, associado à ideia implícita de manipulação dessas opiniões, na medida em que o tema subjacente ao ensaio é o da obediência civil; do ajustamento de todos a uma ordem social convencionalmente aceita por cada qual. Neste contexto, porém, a ficção política da opinião pública enquanto reivindicação grupal não encontra lugar.

Na França do Antigo Regime temos um contraste de interpretações, por parte dos defensores da noção de opinião pública, que merece atenção. Em Rousseau, a esfera do público (entendida como atributo da sociedade civil pós-contratual) importa mais do que a opinião; nos fisiocratas e nos *philosophes* em geral, mais integrados nos princípios do despotismo esclarecido, a ênfase recai mais sobre a opinião no sentido restritivo já apontado, de atributo do conjunto de cidadãos esclarecidos. A ela estaria reservada a missão de bem orientar o soberano. Num caso, a universalidade das opiniões individuais se anula – ou, pelo menos, se converte em plebiscitária – no próprio processo de constituição da sociedade civil; no outro, a formulação e manifestação de opinião é privilégio de alguns. Com todas as transformações que viriam a sofrer, é a segunda concepção que se imporia naquele momento, em virtude da sua maior congruência com os requisitos da sociedade burguesa emergente.

É possível, de resto, apontar como, no interior da reflexão iluminista como um todo, a relação meio social-opinião pública é explicitamente formulada, e ocupa posição importante; e como, sobretudo, ela se manifesta como um problema insolúvel nos marcos desse quadro de pensamento. Referindo-se em especial a D'Holbach, mas estendendo suas considerações aos *philosophes* em geral, Plekhanov insiste particularmente no modo inerentemente contraditório pelo qual essa relação é formulada. "Os *philosophes* não conseguiram sair desse círculo vicioso. Por um lado, o homem é o produto do meio social no qual vive. Por outro lado, a fonte de toda desordem social reside no desconhecimento dos princípios mais claros da política. O meio social é forjado pela opinião pública, ou seja, pelo homem. Essa contradição fundamental reaparece incessantemente e sob as formas mais diversas nos escritos de D'Holbach, como de resto também nos trabalhos dos outros *philosophes*." E, para explicitar melhor os termos da contradição: "a) o homem é um produto do meio social. Segue-se, logicamente, que não é a opinião pública que rege o mundo; b) o meio social é forjado pela opinião pública, ou seja, pelo homem. Daí resulta, em boa lógica, que a opinião pública rege o mundo e que o gênero humano somente se tornou infeliz por ter-se enganado".

Há bons motivos (aos quais pretendemos voltar) para presumir que esse dilema ainda não foi adequadamente superado pelo pensamento subjacente à "pesquisa de opinião" contemporânea. A plena expressão da ideia de opinião pública seja enquanto formulação, seja como bandeira de luta aberta na tarefa de levar avante reivindicações políticas, apenas vem à tona nas vésperas da Revolução Francesa, em Necker. Para este, a *opinion publique* era o tribunal diante do qual "todos os homens notáveis têm o dever de comparecer". Ela é apontada como "poder invisível [...] que formula leis seguidas até mesmo na Corte Real". Esse tribunal, que convoca os notáveis do reino, é formado pelo público, que aqui é nitidamente entendido como uma contraelite em ascensão. É novamente o conjunto de cidadãos esclarecidos que se propõe tornar visível, num círculo restrito, o seu "poder invisível".

Quanto ao restante da população, aquilo que do outro lado do Canal Burke chamava de "multidão suína", não tem por que ser incluída. Não há lugar aqui para a *canaille* desprezada por Voltaire. "Tudo está perdido quando o povo se imiscui na discussão", sustentava este. De qualquer forma, o público do qual falava Necker não significava algo aberto para todos. Antes, contrapunha-se a oculto (isto é, para além da assessoria direta ao soberano) e secreto (para fora, portanto, dos clubes e sociedades secretas, como a maçonaria, que antes davam guarida aos representantes dos grupos que viriam a reivindicar o direito político da opinião pública).

Público, opinião e massa

Até este ponto, viemos tratando das noções de opinião e de público no contexto do pensamento político europeu pré-revolucionário, na medida em que constituíam o fundamento ideológico para reivindicações de grupos sociais em ascensão (e é nesse sentido que estão sendo chamadas de "ficções políticas"). A questão não se punha, na linha do pensamento estudado, em termos de atribuir a essas entidades uma existência empírica prévia no interior da sociedade, para depois procurar localizá-las e talvez mensurá-las através de quaisquer modalidades de pesquisa, mas, pelo contrário, de reivindicar tais categorias como atributos de grupos sociais já dados e bem definidos.

A situação se modifica no século XIX quando, sob os efeitos das mudanças econômicas, políticas e sociais relacionadas com a dupla "revolução" anteriormente desencadeada – a Revolução Industrial e a Revolução Francesa, com seus respectivos desdobramentos – os centros de poder, nas sociedades mais avançadas, se deslocam da aristocracia para a área burguesa. Com isso, opera-se toda uma mudança na concepção do problema, que praticamente inverte o seu sentido.

Da reivindicação no sentido de se ampliar, ainda que de modo limitado, o acesso aos atributos e aos direitos de público portador de opinião politicamente significativa, passa-se à preocupação, cada vez mais explícita, com o risco que essa expansão, se não contida a tempo, representaria para a nova ordem social. Da ênfase no caráter construtivo dessas entidades para a sociedade civil, passa-se à preocupação com a "tirania da opinião", que tanto atormentaria Tocqueville.

Nesse processo, aqueles grupos que, na sua fase de ascensão se identificavam com o público na esfera política, passam a conceber a sua situação como representativa de toda uma sociedade civil burguesa. E não sem motivos, visto que esta atingia a sua plenitude no momento em que o antigo "público" contestador do antigo regime se convertia em classe dominante, definindo-se de vez como o conjunto orgânico dos detentores de propriedade. Ao mesmo tempo, e pela mesma lógica imanente à estrutura social em formação, tudo aquilo que pudesse significar a extensão da esfera pública para além dos grupos detentores de posses – ou seja, para além da sociedade civil burguesa – vai sendo definido, com crescente clareza e vigor, como massa.

Em termos da sua evolução, portanto, as noções políticas clássicas de público e opinião pública tendem a perder peso no século XIX, na mesma medida em que os grupos sociais que, quando em ascensão, as sustentavam como ficções políticas positivas, como instrumentos de contestação dos centros de poder vigente, tendem a substituí-las, ao atingirem o poder, pela ficção política negativa de massa, que serviria de defesa de poder já conquistado. No primeiro caso, teríamos a representação ideológica condizente com a exigência da expansão do poder social; no segundo, da restrição do acesso a ele no interior da sociedade.

Significa isso, em suma, que, no século XIX, as linhas de desenvolvimento da reflexão acerca de público e opinião pública se cruzam e interpenetram com aquelas referentes a massa e classe. E, já no final do século, as nascentes ciências sociais são chamadas a substituir a filosofia política na tarefa de fornecer o enquadramento analítico para esses problemas, também no exame dos fatores não racionais na formação e expressão da opinião pública, como lembra o cientista político P.A. Palmer.

Essa redefinição tende, por vezes, a passar despercebida fazendo com que a atenção se concentre na noção já reformulada de opinião pública, tal como aparece no pensamento social novecentista, na presunção implícita de que somente nessa época ela vem a ter plena vigência. Isso ocorre quando se opera com um tipo de análise mais propriamente preocupado em rastrear cronologicamente os pontos de concentração do conceito estudado do que com uma análise temática, de fundo mais sociológico. O resultado é que se confunde a frequência de aparecimento de uma noção com a sua importância efetiva no processo a que ela se vincula. Nesse sentido, são muito discutíveis afirmações como a do mesmo Palmer, de que "assim, no final do primeiro quartel do século XIX, o conceito de opinião pública entrava na corrente principal da teoria política". Isso porque, no contexto de uma afirmação desse tipo, a corrente principal da "teoria política" tende a ser identificada precisamente com a expressão mais crua da visão do mundo da nova classe dominante: no caso em tela, o exemplo é dado pelo representante maior da corrente dita utilitarista, que é Jeremy Bentham. É significativo assinalar como, em Bentham, se reconhece a ênfase na opinião pública como forma de controle social à disposição dos detentores do poder (ainda quando isso aparece num discurso ambíguo, que retém algo da concepção da opinião pública como instância de controle sobre os atos do governo).

Nas suas primeiras obras, em que trata sistematicamente do tema, Bentham desenvolve sua concepção de opinião pública como instrumento de controle social – ou, em seus termos, como sanção. O legislador, sustenta ele, não pode ignorá-la. Cabe-lhe "aumentar a força desse motivo e regular sua intensidade", sendo que "a sua maior dificuldade residirá em conciliar a opinião pública, em corrigi-la quando for errônea, e em imprimir-lhe a direção mais favorável à obediência aos seus mandatos". Em escritos posteriores, a importância da opinião pública, cujo órgão por excelência seria a imprensa para coibir o arbítrio do poder é salientada por ele.

Os representantes por excelência da visão ambígua da opinião pública no pensamento liberal novecentista seriam, já em meados do século, Tocqueville e John Stuart Mill. Mas a expressão teórica mais acabada do problema, na qual vêm à tona todas as suas características fundamentais, tem origem naquele país europeu em que o liberalismo burguês não era componente da prática cotidiana de muitos, mas o objeto da especulação teórica de alguns poucos: a Prússia de Hegel.

Diante de Hegel, autores como Bentham, Tocqueville ou Stuart Mill são apenas comentaristas de uma experiência diretamente vivida e de um poder compartilhado, ainda quando só no plano das ideias, enquanto representação da estrutura política dada. (Especialmente em Tocqueville e Stuart Mill, a experiência parlamentar é direta, como se sabe.) Reciprocamente, a reflexão hegeliana, na medida em que tem por pano de fundo histórico uma situação concretamente problemática, vai inexoravelmente até o fundo da questão: um passo a mais (tal como é dado na sua crítica marxista) e rompe-se o esquema conceitual, para se entrar num universo de discurso diferente. A Revolução Francesa e seus efeitos, que nos países politicamente mais avançados da Europa eram História, apresentavam-se para Hegel como problema do presente; não sendo dada a solução prática para eles, é com tanto maior vigor que ele os esmiúça teoricamente. (Recorde-se a frase de Marx na introdução à sua *Crítica à Filosofia do Direito de Hegel*: "Nós [os alemães] somos contemporâneos filosóficos do presente, sem sermos seus contemporâneos históricos".)

Importa, portanto, deter-se um momento no pensamento hegeliano acerca do nosso tema, tal como se manifesta sobretudo nos seus Fundamentos da Filosofia do Direito. O pensamento político de Hegel retoma os temas básicos da reflexão clássica sobre o tema, mas os redefine em explícita consonância com o esquema de análise dialética exposto, em particular, na sua lógica. Mantêm-se, portanto, as dualidades básicas do tipo sociedade civil-Estado e indivíduo-cidadão, mas seus componentes já não se defrontam no mesmo plano. A preocupação de Hegel, nesse passo, consiste em discriminar os componentes dessas polaridades em termos dos seus diferentes estatutos na ordem do ser. Distingue-se, assim, entre o que é essencial (no limite, da ordem do "Espírito Absoluto", mas o Estado ainda pertence ao reino intermediário do "Espírito Objetivo") e o que é mera expressão fenomênica da essência.

É nesse caminho que se atribui ao Estado um estatuto ontológico superior ao da sociedade civil e, em correspondência com isso, privilegia-se o cidadão relativamente ao indivíduo. Já nesse ponto Hegel se afasta tanto dos aspectos mais radicalmente democráticos do pensamento de Rousseau (para quem todos os indivíduos se convertem em cidadãos, ao se submeterem à vontade geral) quanto das concepções liberais novecentistas, em que a noção de cidadão se dissolve na de indivíduo particular na esfera do mercado. Em Hegel, portanto, o Estado é a categoria constitutiva, e a sociedade civil é a categoria constituída.

Longe, contudo, de introduzir com isso uma separação radical entre essas duas ordens, Hegel faz incidir sua análise nas inter-relações entre elas. A sociedade civil exprime o "sistema de necessidades", que remete ao plano econômico. Na medida em que o Estado é entendido como o princípio organizador da sociedade civil, a dimensão econômica e social expressa nesse sistema se converte em elemento significativo da sua análise. Talvez se possa dizer que o Estado se manifesta mais propriamente naquilo que, por analogia com "sistema de necessidades", seria o "sistema de interesses". Isso com a condição de que se respeite a hierarquia entre as duas ordens envolvidas: no nível da sociedade civil temos, precisamente, as necessidades de caráter econômico, ao passo que os interesses pertinentes no nível do Estado dizem respeito à liberdade e legitimidade dos direitos privados. A expressão empírica desses interesses, nos quadros do Estado, é dada no plano coletivo e não individual: importam os "povos (Völker) e as ordens (Stände)"; no limite, as classes, que constituem a categoria básica prenunciada na análise.

Os indivíduos participam do Estado, enquanto ente genérico, não como tais, mas na qualidade de grupamentos: não de forma inorgânica, mas de modo organizado. O Estado é precisamente a instância organizadora, que determina a forma da sociedade civil. A ele compete preservar-se dos perigos que representaria o mero agregado de indivíduos atomizados – a massa.

A categoria básica que caracteriza e limita a participação na sociedade civil é a de propriedade. E um problema fundamental que preocupa Hegel é justamente o dos segmentos não proprietários que, pela sua própria forma de organização, essa mesma sociedade engendra; aqueles que, na crítica a que Marx submete a sua obra, seriam identificados como algo mais do que uma massa ou mesmo uma classe virtual à parte, mas como aquela classe que define as características essenciais dessa modalidade histórica de sociedade, o "proletariado". É por essa via que ganha substância a inversão decisiva operada por Marx na hierarquia Estado/sociedade civil hegeliana.

Na sua Filosofia do Direito, Hegel apresenta a opinião pública como a expressão da "universalidade empírica dos pontos de vista e ideias dos muitos" – entendida essa última expressão em explícita contraposição à de "todos". Trata-se daquele agregado no qual se manifesta "a liberdade formal, subjetiva dos indivíduos como tais para terem e expressarem seus juízos, pareceres e sugestões acerca das questões de interesse geral".

Para reter o verdadeiro sentido dessas passagens e perceber melhor suas implicações, convém recordar que, no contexto dado, atribuir caráter empírico à opinião pública significa entendê-la como imediatamente dada, como expressão "fenomênica" em contraposição à manifestação racional da essência do real; ou seja, que o empírico no pensamento hegeliano representa praticamente o oposto do empírico nas tradições de pensamento inglês e francês, que viriam a dar nas diversas variantes do positivismo subjacente às ciências sociais contemporâneas.

Hegel é claro a respeito: na opinião pública a verdade se mistura ao erro, na medida em que nela não é apreendida adequadamente a totalidade orgânica que é o Estado. Trata-se da voz do bom-senso em que se mesclam os princípios justos e os preconceitos próprios de cada período histórico. A opinião pública reflete mais propriamente uma resposta, eminentemente instável, dos cidadãos à ação do Estado do que algo apto a servir de princípio orientador às decisões deste. Nessas condições, não há como concebê-la como um apoio indispensável para o adequado exercício do poder; até pelo contrário, é ao soberano que cabe orientá-la, sem contudo coibi-la. Isso fica explícito na ênfase de Hegel no caráter ambíguo da opinião pública. Para ele, ela "merece, portanto, ser simultaneamente objeto de consideração e de desprezo. Deste, no que diz respeito à sua consciência e expressão concreta, e daquela, em relação ao seu fundamento essencial, que apenas aparece, de modo mais ou menos turvo, em tal concreção. Como ela não dispõe em si mesma de critério diferenciador, nem da capacidade para incorporar o lado substancial enquanto saber determinado, conclui-se que a independência em relação a ela constitui a primeira condição formal para algo grande e racional (na realidade como na ciência)". E não há maior risco nessa atitude de independência no tocante ao soberano: a opinião pública não tarda em absorver no seu repertório de preconceitos as iniciativas estatais inicialmente contrárias às suas tendências, mas coroadas de êxito.

Para os nossos propósitos, o essencial a ser apontado na análise hegeliana é que ela encara a opinião pública como uma forma, subordinada a uma instância superior e organizada por ela, de expressão de interesses privados inerentemente instáveis e suscetíveis de controle e manipulação. Em suma, estão aí lançados alguns temas fundamentais para a superação dos limites do pensamento político burguês clássico, a ser consumada por Marx: a noção de público como suporte de opiniões convertendo-se tendencialmente na de classe, e a de opinião aparecendo como uma forma de falsa consciência, como ideologia. Nossa tarefa é sugerir que isso ocorre – parafraseando Hegel tanto na realidade como na ciência.

Não podemos passar por alto, contudo, a formulação, menos profunda teoricamente, mas nem por isso menos significativa, da atitude ambivalente em relação à opinião pública que caracteriza o pensamento liberal de meados do século XIX: naquele momento em que a filosofia política já estava prestes a converter suas preocupações básicas em objeto da sociologia e das outras ciências sociais nascentes. Os autores mais importantes nessa linha já foram mencionados: Alexis De Tocqueville e John Stuart Mill.

O essencial, nesses autores, é a redefinição valorativa do tema da opinião pública: de instância emancipadora apta a garantir as liberdades civis contra a absorção pelos interesses do Estado, ela se converte em ameaça a essas mesmas liberdades, entendidas como direitos dos indivíduos. Todos os temas que seriam posteriormente incorporados na noção de "sociedade de massas" já estão aí presentes: atomização da sociedade em indivíduos isolados, nivelamento social e cultural, "tirania das maiorias" (identificadas estas seja com as "massas", seja com a própria "opinião pública", o que já denota a progressiva identificação entre ambas essas categorias).

Para abreviar a exposição, vamos concentrar-nos no pensamento de Stuart Mill nessa área, no qual se retomam vários dos temas centrais da obra de Tocqueville. Ao fazermos isso, obtemos uma dupla vantagem. É que Stuart Mill, sendo um liberal mais avançado do que o aristocrata Tocqueville, propicia uma visão mais matizada do problema e, ao mesmo tempo, é menos suscetível de uma leitura seletiva, encaminhada para demonstrar uma tese predeterminada; o que, ademais, faz ressaltar melhor as possíveis ambivalências do seu pensamento.

Nada é mais adequado para demonstrar as semelhanças e diferenças entre esses dois autores do que o comentário de Mill acerca da análise da democracia na América por Tocqueville. Mill aponta a preocupação básica do autor francês: com o avanço no sentido da igualdade de condições no interior da sociedade pós-aristocrática, o perigo reside, não na expansão incontrolável da liberdade, mas numa submissão servil generalizada, e não em mudanças políticas, sociais e culturais demasiado rápidas, mas numa sociedade estacionária de tipo chinês (exemplo predileto de ambos os autores). Existe também acordo explícito entre ambos acerca da "crescente insignificância do indivíduo em comparação com a massa". Há, contudo, no comentário de Mill, uma crítica a Tocqueville, em que uma das limitações mais graves deste é apontada. Trata-se das passagens em que assinala a tendência do autor francês no sentido de identificar a democracia com a igualdade de condições, e de ver nessa última a base única para o nivelamento e a massificação social e cultural. Com isso, salienta Mill, ele se esquece de que essas tendências dizem respeito à "moderna sociedade comercial" e que o problema não é o do predomínio de uma "classe democrática, massificada", mas das "classes comerciais". Estas, nos Estados Unidos, compõem a maioria; na Inglaterra, constituem as "classes médias". "Pouco há, atualmente, que dependa dos indivíduos, mas tudo depende de classes; e, dentre estas, principalmente das classes médias". Nessas condições, "o mal não reside na predominância de uma classe democrática, mas de qualquer classe".

Com isso, Tocqueville fica para trás, e o embasamento social concreto daquilo que ele apenas enxergava como "tirania da maioria" e massificação é, se não analisado, pelo menos sugerido. No tratamento do mesmo problema, o liberal radical vitoriano tem condições para avantajar-se no confronto com o crítico aristocrático francês das consequências da revolução burguesa. Essa superioridade, contudo, além de pouco consistente – a atribuição do *locus* da opinião pública moderna às chamadas "classes médias" – somente escapa ao lugar-comum por ter, neste texto de Stuart Mill, um certo conteúdo (ao referir-se aos grupos intermediários entre a aristocracia e as massas populares, à burguesia, portanto) que desapareceria em autores posteriores e se revela como apenas uma face da atitude ambivalente de Mill em relação ao tema. No seu *Ensaio sobre a liberdade*, ele se reaproxima de Tocqueville no aspecto que nos interessa, e expõe a outra face da sua posição.

Nessa sua obra básica, a opinião pública é encarada com as maiores reservas, como um fator de nivelamento, massificação e estagnação social; sobretudo, como uma ameaça à autonomia individual. A sugestão anterior, no sentido de privilegiar as classes sociais na análise, é abandonada, e o ensaio se organiza em torno da polaridade indivíduo-opinião pública. Nem mesmo se retém a ideia clássica de um público esclarecido como portador legítimo da opinião: essa já é atribuída a uma maioria difusa, que não mais lhe pode conferir legitimidade. Resta o apelo que Mill faz à "parcela inteligente do público". A dissolução da noção clássica de público visivelmente se apresenta em vias de dissolver-se naquela de massa: o público já não mais se identifica com o conjunto dos cidadãos ilustrados, mas apenas se concede que, no seu interior, ainda os haja, em situação minoritária.

Neste ponto, convém dar a palavra ao próprio Mill: "Na História Antiga, na Idade Média, e em escala decrescente através da longa transição do feudalismo ao tempo presente, o indivíduo era por si próprio um poder. Atualmente, os indivíduos estão perdidos na multidão. Em política é quase trivial dizer-se que a opinião pública agora rege o mundo. O único poder digno do nome é o das massas, e dos governos, na medida em que se convertem em porta-vozes das tendências e instintos de massas. Aqueles cuja opinião se apresenta como a opinião pública não constituem sempre o mesmo tipo de público: nos Estados Unidos, são a totalidade da população branca; na Inglaterra, principalmente a classe média. Não obstante, sempre são em massa, vale dizer, mediocridade coletiva. E, o que é uma novidade ainda maior, suas opiniões não são tomadas de dignitários na Igreja e Estado, de líderes ostensivos, ou de livros. Seu pensamento lhes é dado por pessoas muito semelhantes a elas. Nenhum governo por uma democracia ou aristocracia numerosa teve condições jamais de ir além da mediocridade. O início de todas as coisas sábias e nobres provém, e tem de provir, de indivíduos". E, mais adiante: "O moderno regime de opinião pública é, de forma não organizada, aquilo que os sistemas educacional e político chineses são organizadamente; e, a menos que a individualidade saiba se sobrepor a isso, a Europa tenderá a tornar-se uma outra China. [Na Inglaterra] as circunstâncias que cercam classes e indivíduos diferentes e formam o seu caráter diariamente se tornam mais assimiladas. Em termos comparativos [com os períodos anteriores] agora [todos] leem, ouvem, veem as mesmas coisas, vão aos mesmos lugares, têm suas esperanças e temores orientados para os mesmos objetos, e os mesmos meios para enunciá-los. Por maiores que sejam as diferenças de posição remanescentes, elas não são comparadas com as que desapareceram. E a assimilação ainda continua. Todas as mudanças políticas da época a promovem, visto que tendem, sem exceção, a elevar os de baixo e rebaixar os de cima. À medida que as eminências sociais que permitiam às pessoas nelas escudadas não levar em conta a opinião da multidão, gradualmente foram niveladas; que a própria ideia de resistir à vontade do público, quando se sabe ao certo que ele a tem, desaparece mais e mais das mentes dos políticos práticos; deixa de haver qualquer apoio para o não conformismo".

A citação é longa, mas nela se encontram todos os temas fundamentais daquilo que viria a ser a teoria da sociedade e da cultura de massas. As mesmas ideias seriam repetidas inúmeras vezes mais tarde. Para nós interessa apontar como aqui fica caracterizada a dissolução do conceito de público no de massa, e como a noção alternativa de classe, mesmo quando invocada, acaba se convertendo em elemento marginal no discurso.

O tom geral é o da descrição resignada, mais do que de análise em profundidade. "Não estou me lamentando por tudo isso", diz Mill. "Não afirmo que algo melhor seja compatível, em regra geral, com o baixo estado presente do espírito humano". Um certo estado de coisas está diagnosticado como um dado da realidade. Para que os elementos básicos e as categorias organizadoras desse diagnóstico se convertam mais tarde em temas de análise das ciências sociais somente falta um passo. Consiste este na depuração do discurso, para que de "valorativo" ele passe a "neutro", entendido como caracterização objetiva de fenômenos empiricamente verificáveis. Até aqui, a análise se restringiu às noções de público e opinião pública na esfera política, reservando-se para outra etapa o exame do problema na esfera cultural. Procurou-se mostrar, como num primeiro momento, que essas noções eram produto da autodefinição de grupos historicamente diferenciados, que tinham em comum o seu caráter parcial e exclusivo no interior da sociedade em transição. Já nesse ponto se tornava possível observar, portanto, a existência de uma afinidade profunda entre a noção clássica de público e a de elite e que, dessa forma, ambas tendem a opor-se conjuntamente àquela de massa. Nessa mesma linha de raciocínio, procurou-se mostrar como a noção original de público poderia ser entendida como congruente com a de uma contraelite – de uma minoria seleta contestadora da elite aristocrática do *Ancien Régime*, em nome da sua reivindicação de portadora legítima da opinião pública. No entanto, em consonância com as transformações sociais provocadas pela plena emergência da sociedade capitalista de mercado, opera-se uma mudança importante. Consiste esta na crescente interpenetração das noções, anteriormente opostas, de público e massa, com a redefinição correspondente da noção de opinião. Neste ponto, a análise desenvolvida nesta seção se articula com a da primeira parte do capítulo. Nesse processo, volta a ganhar vigência a noção de elite, já agora entendida como parcela minoritária da categoria híbrida "público de massa".

Apontou-se, também, que essas mudanças coincidem com a conversão daqueles grupos cujos representantes anteriormente se autodefiniam como público em classe hegemônica no interior da sociedade burguesa. Nesse processo, a categoria de classe, oculta pela acepção da sociedade dominante, emergia nas novas áreas de contestação no interior da estrutura social. Paralelamente, definia-se uma linha de pensamento que apontava, nas noções dominantes, para sua dimensão ideológica, de "falsa consciência" da realidade social total (tema fundamental, a ser retomado mais adiante).

Finalmente, sugeriu-se que as noções de público, massa e opinião pública encontradiças nas análises sociológicas e nas Ciências Sociais contemporâneas de modo geral constituem um legado direto daquelas produções ideológicas antes analisadas. O exame desse último problema constitui parte do capítulo posterior. Por ora, basta assinalar um aspecto geral, que já ficou sugerido na exposição precedente. De modo esquemático, pode-se descrevê-lo como consistindo numa passagem do campo da filosofia política para o das ciências sociais empíricas, no que concerne aos universos de discurso envolvidos; e, da ordem das categorias denotadoras de atributos coletivos para aquela dos fenômenos de base psicológica individual, no referente à orientação da análise. Paralelamente a essas redefinições, e em consonância com elas, passa-se da ênfase no caráter racional das opiniões para aquela nas modalidades não racionais (ou plenamente irracionais) dos impulsos e mecanismos subjacentes a elas. De modo geral, passa-se do postulado de uma opinião racional para a busca de indicadores empíricos dos determinantes de atitudes. Isso exprime, e ao mesmo tempo reforça, a já apontada interpenetração das noções de público e de massa, visto que a opinião pública acaba sendo pensada como um agregado de atitudes acerca de uma questão dada, num contexto social determinado.

Tendências como as acima apontadas manifestam-se até mesmo na obra de um sociólogo moderno de pensamento tão matizado e com espírito crítico tão agudo quanto Charles Wright Mills. No seu clássico capítulo sobre a "sociedade de massas" no livro que dedicou ao exame da elite do poder na sociedade americana, Mills propicia um exemplo particularmente significativo de como é difícil escapar às armadilhas do uso de conceitos historicamente saturados de conteúdo ideológico na análise científica. Ao mesmo tempo, suas formulações ilustram bastante claramente as afinidades profundas, que já assinalamos, entre as noções de público e elite e a maneira como ela suscita conjuntamente a contraposição àquela de massa.

A análise de Mills é de alta qualidade. Atesta-o seu empenho em trazer à luz o uso que se faz da imagem de público da democracia clássica, para servir de justificativa do poder nos Estados Unidos. Devemos, porém, sustenta ele, reconhecer essa descrição como um conjunto de imagens tiradas de um conto de fadas: elas não são apropriadas sequer como um modelo aproximado de como funciona o sistema de poder americano. "As questões que atualmente moldam o destino humano não são suscitadas nem decididas pelo público em geral. A ideia de uma comunidade de públicos não é uma descrição de fato, mas um enunciado de um ideal, um enunciado de uma legitimação que se mascara – como convém atualmente às legitimações – como fato. Pois agora o público da opinião pública é reconhecido por todos aqueles que o consideravam cuidadosamente como algo menos do que ele foi outrora".

Para Wright Mills, o que importa ter em conta é que "a comunidade de públicos clássica está em vias de transformar-se numa sociedade de massas". Na sua perspectiva essa "transformação do público em massa" é da maior importância, "pois ela oferece uma pista importante para o significado da elite do poder", visto que tal significado varia conforme a elite se defronte com uma comunidade de públicos ou com uma massa.

Do nosso ponto de vista, o essencial é que Wright Mills apresenta explicitamente as duas noções polares de que se vale na análise como construções típico-ideais. "Os Estados Unidos de hoje não são totalmente uma sociedade de massas, nem jamais foram totalmente uma comunidade de públicos. Essas frases são nomes para tipos extremos: elas assinalam certas características da realidade, mas são, em si, construções; a realidade social sempre é algo como uma mescla de ambas".

Com base nisso, abre-se o caminho para construírem-se "pequenos modelos ou diagramas de vários tipos de sociedade". No caso, trata-se de dois tipos, público e massa. Recordemos os traços gerais dos tipos propostos por Wright Mills. Num público, 1) tantas pessoas expressam opiniões quantas as recebem; 2) há possibilidade de resposta imediata e efetiva a qualquer opinião; 3) a opinião derivada do debate tem condições de converter-se em ação; 4) o público goza de relativa autonomia em relação a instituições revestidas de autoridade. Numa massa, 1) muito menos pessoas exprimem opiniões do que as recebem; 2) a resposta individual imediata e efetiva é difícil ou impossível; 3) a realização da opinião em ação é heterônoma; 4) essa heteronomia se garante através da penetração, na massa, de agentes das instituições revestidas de autoridade.

É nesse ponto que Wright Mills tropeça na sua própria crítica anterior, de modo a comprometer toda a sua análise. (Com efeito, são os próprios conceitos antes desmascarados como "contos de fada" e "máscaras" para dominação social no contexto histórico por ele estudado que lhe servem de fundamentos para a construção de tipos.) Não parece lhe ocorrer que tais noções são fictícias no sentido de construções ideológicas – desde a origem. Não é que não haja mais uma comunidade de públicos nos Estados Unidos ou em qualquer sociedade contemporânea: jamais a houve, nem pensador político algum (incluindo Rousseau, que Mills cita como modelo) sustentou isso. O público da "democracia clássica" corresponde a uma reivindicação política, como já procuramos demonstrar, e não à descrição de uma realidade dada. Wright Mills dificilmente poderia ser acusado de ignorá-lo. No entanto, isso não o impede de cometer o equívoco de construir "tipos extremos", "modelos de sociedade", com base não nas características concretas da sociedade, mas apoiado numa imagem que dela apresentam alguns dos seus membros. É como se Max Weber tivesse afirmado que sua análise célebre era sobre a "sociedade capitalista" e a "sociedade protestante".

Não se trata aqui de desmerecer o esforço de Wright Mills – ademais, o foco central de seu estudo nem sequer está em jogo nestas considerações – e sim de sugerir que o uso de público e massa como fenômenos empíricos e não como construções ideológicas vicia a sua análise. E mais: pode-se, por essa via, observar que o uso da noção de elite por ele não se justifica apenas por considerações de caráter terminológico, ao contrário do que ele próprio sugere em certa passagem de sua obra, quando a privilegia em relação ao conceito "ideologicamente carregado" de classe dominante. Ela resulta muito mais da própria lógica interna de um discurso que adota entre suas noções diretrizes as de massa e público, dadas as interconexões entre elas, já apontadas. (É claro que nosso argumento, neste ponto, poderia ser representado pela recíproca, seguindo o caminho inverso.)

3
Público, elite e massa: a dimensão cultural

Passemos, agora, no mesmo espírito do capítulo precedente, a examinar a constituição das noções básicas que nos interessam, já não mais na esfera política, mas naquela concernente ao gosto estético; na sua dimensão cultural, portanto. A hipótese básica a ser considerada é a de que tais noções não só percorrem linhas historicamente paralelas nessas duas dimensões, mas se interpenetram em momentos fundamentais do seu desenvolvimento. Importa salientar, desde logo, que falar em paralelismo histórico não implica sugerir que a emergência dessas noções, nas duas esferas em exame, seja concomitante.

Significa, isso sim, apontar a analogia existente na dinâmica do processo nos dois casos, entendendo-se por dinâmica a sequência e articulação dos seus momentos significativos.

Em sua obra sobre a "sociologia da formação do gosto literário" Levin L. Schücking formulou com clareza um postulado fundamental do estudo sociológico da apreciação estética. Sustenta ele que não há propriamente variações no gosto estético literário. "Não é, em regra, o gosto que se transforma num novo, mas outros se tornam portadores de um novo gosto. No caso de modificações de grande amplitude no gosto, esses outros devem ser entendidos diretamente como uma outra camada social", escreve.

Isso nos remete de novo ao problema da busca dos suportes histórico-sociais dos grupos pertinentes à formação do gosto e, em consonância com as diretrizes deste trabalho, ao modo pelo qual eles se definem entre si.

No que diz respeito ao paralelismo histórico, é de se apontar que a noção de público (e seus correlatos diretos: elite e massa) viria a se formar posteriormente à noção correspondente na área política. Isso, pelo simples motivo de que o aparecimento do público e da opinião pública na área política corresponde à criação do embasamento social apto a sustentar o tipo de público e de gosto na esfera cultural que estamos estudando. Ambos são correlatos do fenômeno mais geral que, à falta de outro termo, poderíamos chamar de revolução burguesa. Suas raízes encontram-se, portanto, com mais nitidez, no século XVIII, em ambos os casos, e suas manifestações mais claras, nos países europeus que lideraram a ofensiva contra a ordenação estamental rumo à sociedade capitalista de classes: a Inglaterra, com a consolidação das conquistas das suas duas revoluções do século anterior, e a França em efervescência revolucionária.

A expansão do comércio e da indústria; o processo de urbanização, com seus correlatos, a secularização e a individualização; a crescente importância de uma burguesia autônoma em contraposição à antiga sociedade cortesã; o deslocamento para essa área social de oportunidades de lazer; a expansão da alfabetização e a gradativa incorporação das mulheres no círculo de leitores: tais são, em resumo, os fatores que dão sentido à ideia, nova na época, de um público, cujas preferências deveriam ser levadas em conta na produção e difusão de uma cultura de base literária. Assiste-se, nesse período, à emergência de dois fenômenos complementares na esfera cultural das nações europeias mais avançadas: a ampliação numérica e a diversificação qualitativa de um público leitor, por um lado, e o aparecimento da figura do artista – sobretudo do escritor – profissional, voltado para um mercado ao qual lhe dava acesso o novo editor-empresário, que substituía o mecenas aristocrático de outrora.

Esse processo abrange toda a extensão da atividade artística e, embora ganhe vigência já desde o início do século XVIII, somente adquire seu maior ímpeto mais tarde, sob o impacto daquilo que, ao tratar da "era das revoluções", Hobsbawm chama de "revolução dual", com referência ao período entre 1789 e 1848. "Se formos resumir as relações entre o artista e a sociedade nessa era em uma única e enganadora sentença diríamos que a Revolução Francesa o inspirou pelo seu exemplo, a Revolução Industrial pelo seu horror, e a sociedade burguesa, que emergiu de ambos, transformou sua própria existência e modos de criação", escreve ele.

Interessa-nos, neste ponto, mais propriamente o processo pelo qual se opera essa redefinição do papel e da situação do artista, enquanto produtor de bens culturais, pois é nele que se manifestam mais claramente as tendências em jogo. Restringiremos nossas considerações a uma área da atividade cultural, por ser a mais significativa para o nosso tema: a literária, entendida no sentido amplo de difusão de ideias através de meios impressos.

A absorção da atividade literária pela ordem social capitalista em vias de consolidação suscitou um novo quadro cultural, que viria redefinir aqueles anteriormente vigentes nos dois extremos do conjunto social. Por um lado, marcaria o declínio da produção cultural destinada ao consumo restrito de uma elite cortesã, nos escalões superiores da sociedade estamental em fase de superação. Por outro, minava as bases de sustentação e desenvolvimento de uma florescente cultura popular, fundada na difusão de fascículos e panfletos oriundos dos escalões inferiores da sociedade e de ampla penetração entre eles, a exemplo da Bibliothèque Bleue de Troyes na França, estudada pelo historiador Robert Mandrou, ou da abundante literatura popular, amiúde de caráter político na Inglaterra seiscentista. Cabe aqui uma observação: ao examinar os grandes temas da "cultura popular" nos séculos XVII e XVIII Mandrou oferece uma interessante contrapartida histórica para a análise dos grandes temas básicos da "cultura de massa" contemporânea feita por Edgar Morin ao tratar da cultura de massa no século XX sob o expressivo título *L'Esprit du temps*.

Para ambos esses extremos da sociedade, o século XVIII significa um paulatino esvaziamento da produção e do consumo cultural autônomos e sua substituição por produtos culturais nivelados em função da emergência de um novo público leitor, constituído por uma burguesia que, no contexto dado, ainda pode ser legitimamente identificada com a "classe média". "É a partir da última década do século XVIII que o crescimento de um novo tipo de público leitor de classe média se torna evidente", escreve Raymond Williams, com referência ao caso inglês. Esse crescimento, sustenta ele, está "em direta relação com o aumento em tamanho e importância da nova classe média definida como mercadores, comerciantes, lojistas e trabalhadores administrativos e escriturários. Essa expansão exprime-se em novas formas de leitura, no jornal, no periódico ou revista. Em seguida a estas formas, e em estreita relação desde o começo com tal público particular, vem o romance".

Essas circunstâncias marcam os primórdios de um longo processo de "nivelação cultural", que viria a dar sentido àquilo que, já neste século, seria designado por "cultura de massa". "A tendência à nivelação, geral na época, que não se detém senão ante a diferença entre ricos e pobres, assume na Inglaterra formas mais radicais que em qualquer parte e cria assim pela primeira vez modernas relações sociais baseadas essencialmente na propriedade. A nivelação cultural se expressa na Inglaterra de modo mais surpreendente na formação de um público leitor novo e regular. A existência deste público está condicionada sobretudo pela aparição da burguesia bem situada, que rompe as prerrogativas culturais da aristocracia. Os novos fomentadores da cultura não exibem nenhuma personalidade individual que seja suficientemente rica e ambiciosa para poder atuar como mecenas, mas são numerosos o bastante para garantir a venda de livros necessária à manutenção dos escritores. Finalmente, a própria nobreza adotaria determinados aspectos da concepção burguesa do mundo para formar com a burguesia uma classe cultural uniforme e fortalecer suficientemente o público leitor [mesmo porque "a antiga aristocracia cortesã não constituiu um público leitor"] o que não poderia ocorrer enquanto não tivesse começado sua participação na vida de negócios da burguesia".

Constata-se por aí, desde logo, o paralelismo entre a formação do público leitor e da "opinião pública" na esfera política, no caso inglês. Em ambas as instâncias, o pano de fundo está dado pelo compromisso histórico que vinculou entre si a burguesia ascendente e uma aristocracia formada, em boa medida, por proprietários rurais. Por outro lado, "a proximidade entre os diversos estratos da hierarquia social se vê garantida não só por uma série de passos intermediários como também pela natureza indefinível de cada uma das categorias. O critério de inserção na classe senhorial limitou-se cada vez mais à posse de uma mesma cultura e à solidariedade dos componentes numa determinada mentalidade. Isto explica, sobretudo, o notável fenômeno de que a passagem do rococó aristocrático ao romantismo burguês não estivesse relacionado na Inglaterra com tão violentos abalos dos valores culturais como na França e na Alemanha".

Essas observações de Arnold Hauser na sua história social da literatura e da arte, acerca das raízes sociais do padrão de mudança de estilos estéticos na Inglaterra em contraste com outras áreas europeias, suscita a questão das diferenças nas posições e papéis dos intelectuais nessas diversas sociedades. O caso francês não se contrapõe ao inglês senão em virtude do caráter mais marcadamente radical das mudanças operadas no período tanto no seu nível sociopolítico quanto no cultural. Já o caso alemão e, na sua expressão mais típica, o prussiano, é marcadamente diverso. É favorável à emergência precoce da figura do intelectual marginalizado, que se traduz, no plano estilístico, no romantismo. Enquanto que na Inglaterra, como vimos, a inserção do intelectual – ou seja, também do artista, embora isso se aplique igualmente ao cientista e ao filósofo – na vida política marca a própria fase inicial do processo de "aburguesamento" cultural, sendo a despolitização e vinculação às exigências mais difusas do mercado seu segundo passo, o ambiente prussiano era muito mais rígido. A opção se punha entre converter-se em mero funcionário da burocracia criada por Frederico II ou marginalizar-se. De uma forma ou de outra, a figura do intelectual como formador de opinião, dotado de relativa autonomia, mal teria possibilidade de ganhar existência nesse contexto. Esse papel constituía aspiração insatisfeita no ambiente prussiano da época.

Essa frustração ganha forma quando a Revolução Francesa põe à mostra com toda a nitidez a situação relativamente desprivilegiada dos intelectuais alemães. "Que aberração" – queixam-se os intelectuais burgueses, herdeiros desencantados dos ideais iluministas, impotentes diante do poder real, na narração do historiador Henri Brunschwig – "querer proibir aos cidadãos mais esclarecidos que se interessem pelos negócios do Estado, sob o único pretexto de que são intelectuais!" Do ponto de vista da "razão de Estado" isso não constitui, a bem dizer, uma aberração. Os escritores alemães não tinham como adquirir uma posição semelhante à dos seus colegas franceses ou ingleses no que diz respeito à formação da opinião, pela simples razão de que careciam de base social para isso. "O público a que se dirigiam esses escritores [dos quais os mais conhecidos eram em número de 6.000 em 1787] é extremamente restrito; ele se recruta especialmente entre os burgueses, membros das sociedades de leitura, frequentemente pobres em demasia para formarem sua própria biblioteca. Pois os nobres apenas leem francês. Eles acolhem a estrangeiros ao invés de encorajar seus compatriotas. No mesmo estudo sobre a crise do Estado prussiano e a gênese da mentalidade romântica no século XVIII, Brunschwig mostra F. Schlegel sublinhando que 'não se encontra cultura verdadeiramente alemã fora da classe média, a parte mais sã da nação alemã'".

Ocorre que aquilo que Schlegel designa por "classe média" não coincidia com uma burguesia em vias de organização, como na França e sobretudo na Inglaterra, mas correspondia mais propriamente a agrupamentos informes, que só tinham em comum a circunstância de serem letrados e de viverem em ambiente urbano. Nesse sentido, a referência a uma cultura alemã – reflexo das aspirações nacionalistas da elite cultural da época – não encontra eco real nessa área da sociedade. A expressão concreta de tal cultura nacional é, alternativamente, de cunho puramente reacionário ou simples adaptação de modelos estrangeiros: franceses no início, e depois sobretudo ingleses. Essa adaptação se dá pela absorção – primeiro através da tradução direta do francês, depois pela imitação de certos paradigmas ingleses, como os romances tipo Robinson Crusoé e, posteriormente ainda, do romance "familiar", calcado na obra de autores como Richardson – dos modelos externos e sua redução a uma literatura de puro entretenimento: romance "trivial", estudado na Alemanha por R. Greiner.

É significativo que, no momento em que na França o termo "burguês" se fundia com o de "cidadão" e adquiria conotações positivas num contexto revolucionário, a expressão correspondente em alemão tendia a assumir conotações negativas para aqueles que se propunham constituir uma elite antiaristocrática e que só poderiam realizar seus intentos com o apoio de uma burguesia. A "elite" alemã, também na área estética, é antiburguesa precisamente à falta de uma classe burguesa politicamente organizada e ativa, que pudesse formar o seu público mais amplo. Nas condições dadas, dificilmente se evitaria o divórcio entre a produção literária mais refinada e de consumo restrito e aquela de consumo corrente: entre uma "cultura de elite" em formação e aquela que, para essa "elite", seria uma "cultura de massa".

Isso está em boa medida por detrás da notória sensibilidade alemã à problemática da "massificação" e "trivialização" da cultura na sociedade moderna. No contexto em exame, a própria noção de público literário pressupõe, para se legitimar, a presença de uma burguesia dinâmica, de modo análogo ao que ocorre com a noção, paralela, de opinião pública. Numa sociedade em que esse suporte é insuficiente, e dado o paralelismo entre a produção dessas noções básicas nas esferas da política e do gosto estético, a tendência é no sentido de postular um público organizado, enquanto aspiração, mas a privilegiar, na prática, a polaridade elite-massa.

O caso alemão é ilustrativo na medida em que é anômalo no nosso contexto: reproduz, de modo distorcido, a dinâmica presente nas nações mais avançadas. Nestas, os problemas se põem mais claramente desde o início do processo. A analogia, ou paralelismo, entre a interação dinâmica das noções de público, elite e massa na área do gosto estético e na esfera política é perfeitamente nítida na Inglaterra oitocentista. Isso transparece claramente na controvérsia aí verificada a respeito da existência ou não de critérios universais de gosto estético; ou seja, sobre a possibilidade de universalização, e portanto plena democratização do acesso à apreciação da obra de arte. A solução dada ao problema (em sua forma mais sintética por David Hume) reproduz todas as ambiguidades da noção emergente de *público* que já vimos no capítulo anterior. Sustentava-se, em essência, que os princípios do gosto são universais, mas que a capacidade de julgamento estético é atributo de uns poucos. Isso equivaleria, nesse contexto, a uma autodefinição do papel social de uma "elite" intelectual em busca de autonomia, e que se situava como "mentora e líder cultural da nova ordem social de classe média", escrevem Leo Löwenthal e Marjorie Fiske ao estudarem o debate sobre arte e cultura popular na época.

Como é sabido, essa busca de liderança cultural a partir de uma posição social autônoma – em suma, essa aspiração a constituir-se na "inteligência desvinculada" – em breve se veria frustrada e redefinida, com a absorção desses intelectuais pela ordem social competitiva de mercado, que ganhava hegemonia na organização social.

A definição essencial do problema, contudo, já estava dada nessa fase precoce do processo. Admitia-se a presença de um público, a "classe média", e postulava-se a necessidade de uma elite orientadora do gosto desse público. Simultaneamente, rejeitava-se a possibilidade das camadas inferiores da sociedade participarem da criação e fruição de bens culturais. Em exata contrapartida à posição assumida no século anterior por Locke a propósito da dimensão política do problema, um autor setecentista como Lord Kames, retomando temas tratados por Burke entre outros, é explícito na exclusão de todos os que não correspondam a um público de classe média do acesso ao gosto. "Em particular – sustentava ele, retomando na sua área o tema de Locke – todos aqueles que dependem do trabalho corporal para sua subsistência são totalmente carentes de gosto". Como bem apontam Löwenthal e Fiske ao se valerem desse documento, ficavam assim estabelecidas "rígidas linhas de classe naquilo que parecia ter partido de uma premissa democrática – a saber, aquela da existência de um padrão de gosto 'comum a todos'".

O tipo de preocupação subjacente a esse modo de encarar o tema reflete uma mudança fundamental no papel da produção artística no interior da sociedade. A expansão das prerrogativas de apreciação estética para novos grupos sociais suscita uma "reorientação nas discussões estéticas. A mudança foi dramática e sem precedentes na história das letras; sua essência consistiu numa passagem do objetivismo neoclássico, com sua ênfase na análise racional de obras literárias, para a preocupação com a experiência do público".

Isso significa que a própria noção de público, que antes constituíra um dado não problemático para os produtores e fruidores de bens culturais, passa a ocupar o centro das atenções. No contexto histórico anterior, a qualidade intrínseca da obra constituía propriamente o problema, e havia cânones bem definidos para julgá-la; agora, punha-se a questão da legitimidade de novas modalidades de recepção e julgamento da obra, que não mais eram redutíveis aos cânones vigentes. Tratava-se de encontrar os limites e as formas de atendimento das exigências de grupos mais diversificados do que a antiga aristocracia. Persiste, com tanto maior força, o caráter problemático da qualidade intrínseca da obra, mas a isso se agrega a mudança do fulcro da questão, que se desloca para a área das exigências dos seus receptores.

No estudo dessa nova situação, é impossível separar essas duas ordens de problemas: a que diz respeito às formas de satisfação de novos gostos e aquela que se refere aos limites sociais para a formulação e imposição do gosto. O lado "estilístico", interno à obra, e o lado "social", referente às suas condições externas de acesso e recepção, estão interligados. Nesse sentido, pode-se dizer de modo sumário que a definição de um novo público suscita mudanças estilísticas na obra artística, ao mesmo tempo em que, no nível social, corresponde à fixação dos limites para o acesso à produção cultural.

Com isso, reencontramos a característica da noção de público já apontada antes: a de que ela é inerentemente restritiva. Falar em público, também na esfera cultural, implica traçar limites à participação numa realidade social dada. Por essa via, reaparece também a conjugação dinâmica dessa noção com as de elite, massa e classe (esta última permanecendo implícita, no mais das vezes).

À semelhança do que ocorre na esfera política, também naquela da cultura a constituição, por autodefinição grupal de um público logo suscita o aparecimento da concepção complementar de massa, definida por exclusão. Massa são "os outros"; aqueles que não têm acesso aos bens culturais produzidos no interior da conjugação público/elite. Na área que nos interessa isso se dá mesmo a partir de meados do século XVIII, mas atinge seu auge no século seguinte, especialmente no período mais marcante do "público burguês", entre 1830 e 1910, como assinala Hauser.

Tomando-se ainda como ponto de referência as transformações no plano literário (entendido no sentido amplo) a expansão potencial de um público leitor está limitada por dois fatores básicos: o nível de escolaridade da população e a posse de recursos para a aquisição de material impresso. Num país como a Inglaterra – e, em escala diversa, nas demais nações europeias mais importantes – a extensão da escolarização avança mais rapidamente nesse período do que o aumento do público leitor. "É equívoco conceber a expansão geral do público leitor nesse período, numa relação simples com a questão da alfabetização, escreve Raymond Williams acerca da Inglaterra do século XIX. "Não apenas no tocante a livros, mas também no caso de revistas e jornais, o dilatado público leitor de meados do século ainda estava bem abaixo da estimativa mínima possível para a alfabetização geral. Tratava-se muito mais, na realidade, de oferecer matéria de leitura mais barata à parte já alfabetizada da população".

Quanto ao segundo fator, sua importância é maior, mas seu peso é atenuado pela presença, desde meados do século XVIII, de bibliotecas circulantes especializadas no empréstimo de livros. Sua limitação consistia em apenas incentivar o contato com obras de ficção – sobretudo romances de sucesso, e mesmo isso para aquela parcela da população capaz de pagar os empréstimos. É verdade que, ao seu lado, expandiam-se as bibliotecas públicas gratuitas. Tais bibliotecas influíram no aumento do consumo de livros, contribuindo assim para reforçar os temores de uma "massificação" da cultura, que se caracterizaria pela expansão quantitativa da leitura, associada à redução dos seus padrões qualitativos. Na realidade, não havia como pensar num consumo em massa de material impresso no século XIX; na área de maior incremento, que é a da imprensa diária, mesmo na Inglaterra a exposição da parcela majoritária da população aos jornais é um fenômeno deste século, ocorrendo somente após a Primeira Guerra Mundial. No caso dos livros, a maioria da população somente se torna leitora na segunda metade do século XX.

Os temores acerca dos efeitos nefastos da abertura do acesso a bens culturais para novos níveis da escala social constituem tema antigo. Convém lembrar que, na fase inicial desse processo de formação do público burguês, eles não se manifestavam apenas em termos da resistência de grupos letrados aos supostos efeitos degradantes de uma "massificação" da cultura. Exprimiam-se também em outra área que a dessas preocupações de cunho ainda aristocrático, na medida em que veiculavam ansiedades mais prosaicas de uma burguesia setecentista, que se perguntava se o hábito da leitura, ao se alastrar entre os assalariados, não diminuiria o seu gosto pelo trabalho manual. Somente mais tarde, com os esforços dessa burguesia para identificar-se com o novo "público culto", é que as conotações de classe de tais receios se tornariam mais matizadas, até se exprimirem de modo análogo ao de "elite" cultural letrada, e através dos mesmos porta-vozes. É verdade que a crítica conservadora de cunho aristocrático às presunções burguesas à hegemonia cultural revelara-se de notável tenacidade, persistindo até o século XX, quando tal hegemonia já se realizara e mesmo ultrapassava o seu apogeu.

Naquela fase inicial do processo, contudo, ficava bem marcada a afinidade entre a preocupação com a presença da "massa" e com a "massificação" cultural, por um lado, e a expressão de interesses de classe bastante primários, por outro.

Com efeito, a preocupação com os efeitos da expansão dos meios impressos (que continuamos tomando como objeto da nossa análise, e que, nesse ponto, se revelam particularmente significativos) tinha-se manifestado mais agudamente naquilo que concerne aos interesses sociais e políticos em jogo, antes de se deslocar para a área propriamente cultural, na qual eles já não se exprimiam diretamente, embora estivessem subjacentes às discussões. Se os interesses sociais de classe estavam mais patentes no caso do acesso às obras de ficção, as questões de ordem mais propriamente política avultavam no caso da imprensa periódica. É que, muito mais nitidamente do que na nova literatura de ficção surgida no século XVIII, a imprensa se desenvolvia, desde o início, como veículo de interesses e aspirações de classe. Estava, por isso mesmo, especialmente sujeita às tentativas de controle governamental, pois sempre procurou a influência política. Na medida, contudo, em que sua tarefa explícita era apenas essa, de influenciar uma "opinião pública" já reconhecida como legítima, havia a possibilidade de resistir e escapar ao controle oficial. Isso porque se tratava de órgãos integrados na área dominante da sociedade de classes em expansão e aptos a se tornarem autônomos economicamente, através da venda de espaço para anúncios. Quando, pelo contrário, era o caso de jornais ou revistas destinados abertamente à formação de uma nova área de ação política – não reconhecida como componente de opinião pública, como sucedia com a imprensa popular radical que floresceu no início do século XIX – as medidas oficiais surtiam efeito, provocando seu fechamento.

Foi precisamente a imprensa "sobrevivente", vinculada à classe hegemônica, que abandonaria mais tarde, quando seu predomínio já estava consolidado, a busca de um público de classe para dirigir-se a um agregado difuso de leitores, tão amplo quanto possível. Esse agregado maior, que incorporava os consumidores em potencial dos órgãos de classe antes extintos, constituiria aquilo que os próprios empresários da imprensa conceberiam como uma massa. Essa mudança implicava trabalhar no sentido da homogeneização do mercado leitor em dois planos. No plano horizontal, tratava-se de superar a fragmentação do público em numerosos segmentos especializados, que constituíra uma característica básica da situação nessa área durante o século XIX. No plano vertical, tratava-se de superar as barreiras de classe; ou antes, de trazer decididamente para o mercado de jornais diários os leitores em potencial de uma imprensa de classe que não lograra impor sua existência no século XIX.

Os porta-vozes críticos das preocupações da "elite" intelectual com o nível qualitativo e as implicações culturais da imprensa acompanham esse processo a crescente distância. Como apontam Löwenthal e Fiske, de início sua atenção se concentrava sobre os aspectos propriamente culturais desses veículos; depois, com o aumento da importância destes, passaram a encará-los também enquanto agentes de manipulação da opinião; em termos políticos e sociais, portanto. Com a gradativa transformação dos jornais e revistas em órgãos de "massa", suas implicações classistas passavam de novo para segundo plano, para serem redefinidas e absorvidas numa concepção do problema que toma como um dado esse seu caráter de massa e procura caracterizar o tipo de sociedade e de cultura que lhe está subjacente. Isso é feito nos mesmos termos em que os responsáveis diretos por essas modificações na imprensa definem o conjunto dos seus consumidores. Por essa via, fica aberto o caminho para a incorporação da noção e da problemática da *massa* nas cogitações dos representantes contemporâneos da intelectualidade voltados para esses temas: os ensaístas e cientistas sociais, preocupados com a "sociedade de massa" e a "cultura de massa".

4
A dimensão social: a sociedade de massas

Em primeira aproximação, a ideia de *sociedade de massas* se apresenta simplesmente como um conceito híbrido, no qual se combinam o conceito abrangente de sociedade e a noção, já examinada anteriormente, de massa. Um momento de reflexão revela, contudo, que essa justaposição envolve problemas dos mais difíceis, e que será necessário, também aqui, rastrear analiticamente as grandes linhas de sua constituição. Um problema surge desde logo. Mesmo que admitamos o caráter científico da noção de massa (e já foram formuladas reservas a respeito) resta saber como se poderiam combinar, num conceito abrangente e integrado, as características atribuídas a esse fenômeno (sobretudo a sua carência de estrutura) com aquelas que servem para definir sociedade, em particular a presença de estrutura e organização internas. Na sua origem novecentista, a noção de massa se aplicava quer a uma ordem social em processo de desorganização ou mesmo dissolução – e, neste caso, designava o principal sintoma de tal situação –, quer a fenômenos particulares no interior de um todo social integrado, quando então se confundia com a ideia de multidão. Mais recentemente, contudo, a ideia de uma sociedade de massas como fenômeno sociológico durável é frequente, a tal ponto que esse termo já ganhou lugar no repertório cotidiano da análise social. Posto, no entanto, que o direito consuetudinário não vigora em ciência, cumpre examinar melhor também esse caso.

A noção de sociedades de massas ostenta uma ambiguidade fundamental, que permeia todas as formulações teóricas que dela se valem. É que o termo "massa" pode ser entendido seja como sinônimo de grupo não organizado (multidão, turba, "plebe"), em consonância com uma linha mestra da tradição do pensamento conservador novecentista, seja simplesmente como sinônimo de grande número. A distinção entre ambas essas acepções não fica clara nas análises que a adotam, mesmo porque essa ambiguidade não é acidental: deriva da própria lógica interna da constituição desse conceito complexo. É que nele se articulam duas grandes linhas de reflexão teórica novecentista: a análise das características e tendências da sociedade democrática (em contraste com a aristocrática) e o estudo das formas e consequências do comportamento coletivo anômalo (que está na origem da "psicologia das multidões" e afins).

Mais especificamente, podemos distinguir três vertentes principais, das quais deriva essa noção. Em primeiro lugar está aquela ligada mais diretamente ao que nos interessa agora, e cujas implicações são mais nitidamente sociológicas. Trata-se da concepção que procurou descortinar determinadas características estruturais das formações sociais modernas que, devidamente redefinidas, conduziriam à noção contemporânea de sociedade de massas. Avultam, nessa linha de análise, os nomes de Tocqueville, Durkheim e Mannheim.

Em seguida, temos uma concepção intimamente ligada à anterior, mas que dela se distingue ao pôr mais ênfase na situação e nas formas de conduta típicas dos integrantes de uma sociedade "massificada". Preocupa-se, portanto, com questões relativas ao comportamento coletivo, mas sem aderir necessariamente às suas formas mais irracionalistas. Trata-se, sobretudo, de análises de fundo político, como, de resto, também o são as da primeira concepção acima. Destaca-se, nessa área, o nome de Hannah Arendt, embora sejam muitos os praticantes desse tipo de análise.

Finalmente, temos a perspectiva dada pela crítica conservadora de cunho cultural ao "homem massificado", com representantes como Burkhardt no século XIX e Ortega y Gasset no século XX. Entre os numerosos representantes possíveis dessa tendência apontamos esses dois nomes, não porque sejam os mais importantes, mas porque neles fica nítido aquilo que entendemos ao falarmos do "cunho cultural" da sua atitude crítica. É que se trata, mais propriamente, de uma perspectiva política a partir da qual esses autores apreciam problemas contemporâneos, informados por uma concepção aristocrática da história da cultura. É somente por essa via que sobressai a dimensão cultural na análise desses autores; sua visão é de horror diante da "ascensão das massas", do surgimento do "homem medíocre" como sustentáculo da ordem social, e da presumida iminência de regimes despóticos de tipo "cesarista". É nessa orientação de análise que o uso das categorias de "elite" e "massa" como ordenadoras do discurso aparecem da maneira mais crua.

Interessa-nos, mais diretamente, as primeiras duas linhas de análise das formações sociais que viriam a ser chamadas "de massas": a que se vincula à obra de Tocqueville, Durkheim e Mannheim, e aquela cuja figura exemplar é Hannah Arendt. Dizemos que essa designação "viria a ser" aplicada ao objeto de cogitações desses autores porque ela ainda não está presente na obra dos dois primeiros, e somente se revela uma categoria central da análise nos outros dois. O traço comum a todas essas linhas de análise é a preocupação com os efeitos políticos do confronto direto entre o aparelho estatal e a parcela majoritária da população, reduzida a um aglomerado de indivíduos sem vínculos socialmente significativos entre si.

Assim, as preocupações de Tocqueville o levam a concentrar seus esforços na especificação das características genéricas daquilo que designava por "sociedades democráticas", em contraposição às aristocráticas. Tais preocupações são responsáveis pela sua inserção em toda uma linhagem do pensamento francês, que remonta pelo menos a Montesquieu e, através deste, assegura a sua afinidade com Durkheim, para além de todas as consideráveis diferenças que os separam. O próprio Tocqueville se ressentia da tendência, que percebia, no sentido de se tomarem as suas análises sobre a França (*L'Ancien Régime et la Révolution*) e sobre os Estados Unidos (*De La Démocratie en Amérique*) como simples "estudos de caso" particulares. Referindo-se à acolhida do segundo volume da sua obra sobre a democracia na América, escreveu ele, em carta a Stuart Mill: "Quando eu falei exclusivamente da sociedade democrática nos Estados Unidos, isso foi imediatamente compreendido. Se eu tivesse falado exclusivamente da nossa sociedade democrática na França, tal como se apresenta atualmente, isso também seria bem compreendido. Ao partir, no entanto, de ideias que me eram propiciadas pela sociedade americana e francesa, era meu intento assinalar traços gerais das sociedades democráticas, das quais ainda não existe modelo acabado". Tais sociedades se caracterizam pela sua forma de governo, da qual "a essência consiste na soberania absoluta da maioria; pois nada há em estados democráticos que lhe possa resistir".

É nesse contexto que ganham sentido as análises de Tocqueville acerca das implicações dessa "soberania da maioria", sobretudo se levarmos em conta que as suas preocupações não se concentram sobre uma forma de governo, mas sim sobre uma modalidade de organização social. Numa sociedade democrática, diz ele, "o poder exercido pela massa sobre o espírito de cada indivíduo é extremamente grande", mas "é errôneo supor que isso dependa somente da forma de governo e que a maioria iria perder sua supremacia intelectual caso perdesse seu poder político". Isso porque "sempre que as condições sociais são igualitárias, a opinião pública exerce enorme pressão sobre o espírito de cada indivíduo; ela o cerca, o dirige e o oprime; e isso deriva da própria constituição da sociedade; muito mais do que das leis políticas. Seja então de que maneira os poderes de uma comunidade democrática se organizem e equilibrem, sempre será extremamente difícil crer no que o grosso da população rejeita ou processar o que ele condena".

Numa passagem famosa Tocqueville enuncia as bases daquilo que permitiria que o seu nome ficasse associado, mais tarde, à teoria da conexão entre a "sociedade de massas" e o "totalitarismo". Falando da espécie de opressão que ameaça as nações democráticas – fenômeno diferente de tudo que jamais existiu antes no mundo, e para o qual não encontra designação apropriada – escreve ele: "A primeira coisa que chama a atenção é uma multidão inumerável de homens, todos semelhantes e iguais, ocupados incessantemente na busca dos pequenos e vulgares prazeres com os quais saciam as suas vidas. Cada qual vivendo à parte, é estranho ao destino de todo o resto; seus filhos e seus amigos privados constituem para ele toda a humanidade. Por sobre essa raça de homens ergue-se um poder imenso e tutelar, que se incumbe de assegurar suas gratificações e de velar pelos seus destinos. Tal poder é absoluto, minucioso, providente e suave. Após ter tomado um por um todos os membros da comunidade na sua poderosa garra e tê-los moldado à vontade, o poder supremo estende seu braço por sobre toda a comunidade. Ele cobre a superfície da sociedade com uma rede de pequenas regras complicadas, diminutas e uniformes, através da qual as mentes mais originais e os caracteres mais enérgicos não podem penetrar para alçarem-se acima da multidão. A servidão desse tipo regular, quieto e gentil pode combinar-se mais facilmente do que usualmente se acredita com algumas das formas exteriores da liberdade, e pode mesmo estabelecer-se sob as asas da soberania popular".

Nessas formulações estão contidas as ideias essenciais daquilo que teóricos posteriores, mais à vontade para dar nomes aos fenômenos do que Tocqueville, chamariam de "sociedade de massas" e "totalitarismo". Essas ideias são: a nivelação, o isolamento e a perda de individualidade; as pessoas privadas; a atomização do conjunto social nas suas partículas elementares; a contraposição direta entre a massa atomizada e o Estado todo poderoso.

É esse último aspecto do problema que constituiria preocupação fundamental para Durkheim, levando-o assim a contribuir para a cristalização dessa ordem de ideias. A perspectiva durkheimiana é, sem dúvida, diversa da de Tocqueville de tal modo que o problema do "totalitarismo" não se põe na sua obra (embora, fiel à tradição clássica, ele se preocupe com o perigo da "tirania"). Sua atenção concentra-se nas formas de garantir a ordenação consensual da sociedade e de evitar os perigos, não tanto de uma submissão dos indivíduos a uma rede compacta de regras ditadas por um poder superior, mas fazer frente sim ao risco de que o confronto direto entre o conjunto atomizado de indivíduos e o

Estado conduza precisamente à situação oposta, de rompimento da rede normativa que sustenta o conjunto social: à anomia.

Não há por que insistir na exposição das teses de Durkheim, sobretudo no prefácio à segunda edição do livro sobre a divisão do trabalho social e do capítulo final do estudo sobre o suicídio. Basta lembrar que ele formula uma complexa dinâmica entre o Estado, o indivíduo particular e os grupos secundários, que se devem intercalar entre ambas, se é que o devido equilíbrio social há de ser alcançado. Dados apenas o homem privado e o Estado, este absorve a individualidade daquele que o oprime; esta última, por sua vez, também corre perigo quando exposta sem controle à ação dos agrupamentos menores, territoriais, profissionais e outros, de que o cidadão faz parte. Por outro lado, o Estado não pode ser oriundo imediatamente da "multidão desorganizada dos particulares", sob pena de perder a sua autonomia e sua condição de área privilegiada da consciência coletiva (aquela em que residem, se é permitido o termo, as ideias claras e distintas acerca dos interesses coletivos). É apenas pela articulação harmoniosa da tríade que compreende o Estado, os grupos intermediários (sobretudo, as associações profissionais) e o indivíduo privado que se atinge um salutar equilíbrio, em que as forças em presença se contrabalançam, como Durkheim examina em suas Lições de Sociologia dedicadas à *Physique des Moeurs et du Droit*. E é precisamente a carência dessa situação de equilíbrio que ele incansavelmente diagnostica, como é sabido.

Falando da necessidade da presença de órgãos secundários intermediários ao Estado e ao indivíduo, visto que eles "liberam as duas forças em presença ao mesmo tempo em que as ligam entre si, escreve ele nas suas *Lições*: "Vê-se como é grave essa ausência de organização interna que já tantas vezes tivemos oportunidade de assinalar. É que ela implica algo como um abalo profundo e, por assim dizer, o amolecimento de toda a nossa estrutura social e política. As formas sociais que, outrora, enquadravam os indivíduos privados e serviam assim de ossatura para a sociedade, ou desapareceram ou estão em vias de fazê-lo, sem que surjam novas formas em seu lugar. Somente permaneceu a massa fluida dos indivíduos. Pois o próprio Estado foi reabsorvido por eles. Apenas a máquina administrativa manteve sua consistência, e continua funcionando com a mesma regularidade automática".

Aparece aqui, claramente, o tema da atomização social (a "massa fluida") como substrato da "doença social e política do nosso tempo". Claro que a ótica é diversa da de Tocqueville, sobretudo na sua atitude em relação às "forças reguladoras" da sociedade. Apresenta-se, ademais, como um diagnóstico, acompanhado de uma proposta de solução, ao passo que, em Tocqueville, o tom admite esse paradoxo somente possível num autor de espírito aristocrático e religioso tardio: a visão escatológica resignada. Nesse sentido, a contribuição durkheimiana para a constituição do conceito de sociedade de massas reside na passagem, que ele opera, de premonição de um Tocqueville ("Não tenho palavras para designar o fenômeno; resta-me descrevê-lo") para a análise "positiva", de cunho estritamente "científico", das raízes estruturais do problema. (É claro, por outro lado, que o termo "massa" que aparece na citação acima é puramente descritivo, e ainda não tem qualquer pretensão a constituir-se em noção sociológica de pleno direito.)

Passada uma geração, e numa tradição de pensamento diferente, problemas de fundo semelhante àqueles que preocupavam Durkheim reaparecem vigorosamente na obra de Mannheim. Para um leitor casual, a seguinte observação poderia ter sido retirada de qualquer obra durkheimiana: "Não há qualquer dúvida de que nossa sociedade está enferma. Qual é sua enfermidade e como se poderia curá-la?" Mas o que vem a seguir revelaria de imediato que o autor é outro, assim como o são os tempos. "Se tivesse que resumir a situação em poucas palavras, diria o seguinte: Estamos vivendo em uma época de transição do *laissez-faire* para uma sociedade planificada. A sociedade planificada futura pode assumir uma dessas duas formas: a dominação de uma minoria mediante uma ditadura ou um novo tipo de governo que esteja regulado de maneira democrática, não obstante o aumento de seu poder". Claro que é Mannheim quem está falando, nas frases de abertura do seu livro típico das preocupações em meados dos anos de 1930, de "diagnóstico do nosso tempo". É evidente, para além das analogias do fraseado de inspiração organicista, a diferença de perspectiva entre os dois autores. Para Durkheim, a desorganização social é um dado da sociedade sua contemporânea, e a ele cabe apresentar uma solução para o problema; e essa solução diz respeito a uma forma de reestruturação do conjunto social. Para Mannheim, por seu turno, a "enfermidade" remete ao encaminhamento para soluções alternativas, o dado não é a situação presente, mas as soluções possíveis. A preocupação mannheimiana consiste em apontar os meios pelos quais uma entre as soluções já inscritas no próprio processo de transição se efetive, em contraposição às outras. Sua atenção está voltada para formas dinâmicas de controle social, expressas nas "técnicas sociais", aptas a conduzirem rumo à solução que defende: o "planejamento democrático".

Se Durkheim está interessado na integração do sistema normativo, tendo em vista a consolidação da estrutura social, Mannheim, escrevendo numa situação histórica muito mais complexa, fixa sua atenção nos meios de intervenção nesse sistema, tendo em vista a orientação de um processo de mudança em curso. De uma forma ou de outra, a vinculação entre padrões de estrutura social e sua dimensão normativa (cultural, portanto) está dada em ambos os casos, por sobre todas as diferenças de perspectiva. Nem por isso, contudo, se pode deixar de apontar que Durkheim privilegia, em termos relativos, as soluções no primeiro desses planos, ao passo que a atenção de Mannheim tende a se concentrar mais no segundo (sempre em termos comparativos). Ademais, em Mannheim a preocupação com uma ordem social democrática está associada a uma concepção dos seus requisitos estruturais/culturais carregada de traços regressivos no tocante ao instrumental analítico. Isto na medida em que seus esforços o levam a trazer vigorosamente ao primeiro plano a velha contraposição entre elite e massas, discutida num contexto em que aparece, já explicitamente e em posição de relevo, a noção de sociedade de massas. "As mudanças fundamentais de que somos testemunhas", diz ele, "podem ser atribuídas, em última instância, ao fato de que vivemos em uma sociedade de massas".

Não é preciso, contudo, ir até essa obra da última fase de Mannheim para encontrar esse padrão de análise. O estudo mais específico do problema da sociedade de massas e do papel das elites no seu interior, contra o pano de fundo da persistente preocupação mannheimiana com a planificação democrática, encontra-se, como é sabido, na sua outra grande obra representativa daquela fase da história do século XX, sobre "o homem e a sociedade numa era de reconstrução".

É nessa obra que, embora explicitando que não adere à "presunçosa condenação das massas", Mannheim enuncia, acerca do tema, ideias que o integram definitivamente na linha de pensamento que estamos examinando. Mais uma vez encontramos, a exemplo do que já ocorrera com Tocqueville e Durkheim, uma aproximação entre autores de orientação diversa, em vários pontos importantes da análise. Assim, vemos Mannheim retomando e redefinindo temas familiares à perspectiva durkheimiana, como ocorre quando ele introduz, na mesma linha de inspiração evolucionista de Durkheim, uma distinção entre os "estágios históricos essenciais" relativos às "modificações na moralidade e seus efeitos nas questões práticas" e fala da "solidariedade mecânica da moral da horda" (com expressa referência a Durkheim), da competição individual e, finalmente, no "nosso mundo contemporâneo", no qual "os indivíduos, até agora, têm sido cada vez mais isolados uns dos outros, obrigados a renunciar a seus interesses particulares e a se subordinarem aos interesses sociais maiores". Outro ponto de convergência entre essas interpretações, de resto tão diferentes, aparece quando Mannheim analisa a dimensão cultural do problema que o preocupa, e atribui ao "público" um papel análogo àquele desempenhado pelos grupos secundários no esquema durkheimiano: servir de mediador entre duas instâncias polares, a "elite" e a "massa", e assegurar a preservação do adequado equilíbrio entre elas.

A ênfase de Mannheim na contraposição elite/massas está vinculada à sua atitude fundamental nas obras de sua última fase, que é no sentido de endereçar as suas teses precisamente àqueles grupos que identifica como sendo as "elites", visando influenciá-las para adotarem as soluções que oferece; a "planificação democrática, sobretudo.

Mais uma vez surge o confronto com Durkheim: para este, a sede daquilo que Mannheim chamaria de "racionalidade substantiva" na sociedade moderna é, por definição, o Estado; para Mannheim, não é o aparelho estatal, mas sim esse grupamento difuso e intersticial que é a *intelligentsia*, beneficiário em potencial da sua situação entre as classes, mas não acima delas. Posto que às elites é atribuído papel tão importante, Mannheim é levado a concentrar-se na sua situação e perspectiva na sociedade contemporânea. É nesse contexto que ganham sentido suas análises acerca das diversas formas de debilitamento e, sobretudo, da perda da essencial exclusividade, das elites nessa sociedade.

É com base nessa perspectiva, adotada por Mannheim, que um autor como Kornhauser o inclui entre os representantes de uma "visão aristocrática" da sociedade de massas, sobretudo tendo em conta a sua preocupação com a vulnerabilidade dessas elites em desagregação aos "movimentos de massa". Kornhauser contrapõe duas visões do problema, uma definida como "crítica aristocrática" e a outra como "crítica democrática" da sociedade de massas. A primeira, que inclui Mannheim, "está centrada na defesa intelectual dos valores da elite contra a ascensão da representação da massa". A segunda "está centrada na defesa de elites voltadas para a dominação total". Kornhauser não parece dar-se conta, contudo, de que uma teoria que toma como noções centrais as de "elite" e "massa" simplesmente não pode ser democrática, visto que suas categorias centrais de análise são inerentemente conservadoras e "aristocráticas", seja qual for o modo em que se articulam no discurso.

Não convém, contudo, exagerar as implicações daquilo que, acima, chamamos de retomada "regressiva" dessas categorias do pensamento conservador. A observação de Mannheim de que não compartilha da aversão reacionária às massas deve ser levada a sério. Sua análise não incorre no vício de tomar as "massas" como uma entidade genérica e a-histórica, inerentemente destrutiva e irracional. É bem verdade que as limitações impostas a uma visão propriamente democrática não estão dadas somente pelas próprias categorias básicas que articulam o seu discurso, mas são de ordem substantiva; afinal, a planificação "democrática" é vista como sendo outorgada às "massas" pelas "elites", sem a participação direta daquelas. As características peculiares ao tipo de formação social analisado por ele são, contudo, encaradas de maneira bem mais complexa e matizada, e a partir de uma perspectiva altamente relevante para a nossa análise. "Assim – escreve Mannheim – a sociedade de massas industrializada tende a produzir um comportamento muito contraditório não só na sociedade, mas também na vida pessoal do indivíduo. Como sociedade industrial em grande escala, cria toda uma série de atos que são racionalmente calculáveis no mais alto grau e que dependem de toda uma série de repressões e renúncias de satisfações impulsivas. Como a sociedade de massas, por outro lado, produz todas as irracionalidades e explosões emocionais características das aglomerações humanas amorfas". E, falando das "condições sociais que tendem a produzir explosões de irracionalidade entre as massas", aponta que, "do ponto de vista psicológico, a chave para a compreensão das sociedades orgânicas bem integradas está no fato de que nelas os impulsos e desejos coletivos são absorvidos pelos grupos menores de que se compõem", ao passo que, nas "sociedades de massas", as condições são outras: "Somente as energias impulsionadoras liberadas pela desintegração da sociedade e que buscam integração num novo objetivo têm essas qualidades explosivas e destrutivas habitual e vagamente consideradas como peculiares ao comportamento de todos os tipos de massa. O que as ditaduras em certas sociedades de massas contemporâneas estão procurando fazer é coordenar, através de organizações, os impulsos que o período revolucionário libertou, e dirigi-los para objetos determinados".

Formulações como essas permitem distinguir a natureza da contribuição de Mannheim para a formação da teoria contemporânea de sociedade de massas. Consiste ela em deslocar decisivamente a ótica do problema para a área sociopsicológica, ao enfatizar, para além das características estruturais dessa formação social, os seus efeitos sobre o comportamento dos seus membros componentes. É verdade que a perspectiva mannheimiana é consideravelmente mais sofisticada do que a da maioria desses teóricos. Nela ainda se patenteia, com efeito, uma visão do problema que incorpora precisamente aquelas facetas mais ricas do pensamento de Freud (cuja influência sobre Mannheim é especialmente nítida, nesse ponto) já discutidas no primeiro capítulo. Isso, a ponto de se explicitar que a "irracionalidade" das massas é manipulada pelos detentores do poder; não é, portanto, um dado puro da situação, mas um produto de condições sociais bem definidas. (É verdade que, para Mannheim, essas condições são dadas pelas infiltrações das "massas" no corpo fechado das "elites", o que atenua a carga crítica das suas formulações, e mesmo ameaça conduzi-lo a um raciocínio circular.)

Um passo a mais rumo à caracterização sociopsicológica da noção de "sociedade de massas" e da análise das implicações políticas e culturais que usualmente lhe são associadas é dado na obra de Hannah Arendt. Essa autora leva aos seus extremos as tendências previamente delineadas pela reflexão sobre esse fenômeno, no contexto de uma obra histórico-política (no sentido mais amplo do termo: sua formação é filosófica, como discípula de Jaspers e Heidegger) de categoria consideravelmente superior à média.

Na obra dessa autora, o tema da carência de estruturação da sociedade de massas reaparece numa análise menos preocupada com a caracterização dos traços gerais de uma formação social suscetível de ser entendida analiticamente como *típica* do que com as condições históricas específicas de sua emergência. A "sociedade de massas" é, fundamentalmente, uma "sociedade sem classes", escreve ela na sua obra capital sobre as origens do totalitarismo. Cumpre, portanto, examinar as circunstâncias em que se opera a dissolução das classes – entendidas como princípio estruturador básico da sociedade moderna – para dar lugar ao aglomerado atomizado que são as massas. Em consonância com isso, a análise é mais fina, indo além do esforço no sentido de identificar os processos mais gerais, apontados por numerosos sociólogos como formando o substrato da emergência desse fenômeno – industrialização, urbanização, e assim por diante. O tema correlato, da "atomização" social, interessa na medida em que conduz a um exame das formas de movimentos sociais que caracterizam tal sociedade. A ênfase, contudo, não recai tanto sobre esses aspectos estruturais quanto naquilo que se refere às raízes da suscetibilidade ao comportamento de massa, no âmbito de movimentos coletivos, nessa sociedade. Não se trata tanto de assinalar as fontes daquilo que alguns (como o estudioso da burocracia e do *New Deal* da era Roosevelt, Philip Selznick) chamariam de "vulnerabilidade institucional da sociedade de massas" quanto de examinar o problema da atomização social enquanto carência ou ruptura de vínculos significativos para a estruturação não diretamente do conjunto social, mas da experiência individual. Essa experiência é empobrecida, em tal tipo de formação social, ao tornar-se isolada e indiferenciada (boa parte da importância das classes consiste em serem elas elementos diferenciadores da experiência social).

Numa passagem que guarda afinidades com alguns temas básicos da sociologia clássica alemã (Tönnies, Weber ou Simmel, por exemplo), articulados no conceito-chave de "socialização" (termo que traduz muito precariamente o alemão *Vergesellschaftung*), ela escreve: "É de importância decisiva que a sociedade [enquanto categoria] exclua, em todos os seus níveis, a possibilidade de ação própria à esfera pública, isto é, à política. Ao invés disso, a sociedade espera de cada um de seus membros um certo tipo de comportamento, impondo regras inumeráveis e várias, todas elas tendendo a "normalizar" seus membros, a fazê-los comportarem-se, a excluir a ação espontânea e o desempenho excepcional. A emergência da sociedade de massas apenas indica que os vários grupos sociais sofreram a mesma absorção numa sociedade [abrangente] que as unidades familiares sofreram anteriormente; com a emergência da sociedade de massas o reino do social finalmente alcançou o ponto em que ele abarca e controla todos os membros de uma dada comunidade igualmente e com a mesma força. Mas a sociedade nivela em quaisquer circunstâncias, e a vitória da igualdade no mundo moderno é apenas o reconhecimento político e legal do fato de que a sociedade conquistou a esfera pública e que distinção e diferença converteram-se em assuntos privados do indivíduo".

A análise vai mais adiante, ao assinalar como o efeito, de certo modo paradoxal, desse processo de absorção das diversas esferas da existência humana pela sociedade abrangente é precisamente a tendência ao *isolamento* individual. "O que torna a sociedade de massas tão difícil de tolerar, escreve Arendt na mesma obra, não é o número de pessoas envolvidas, ou pelo menos não principalmente isso, mas o fato de que o mundo que os permeia perdeu sua capacidade de vinculá-los entre si, de relacioná-los ou separá-los". E numa imagem plástica: "O bizarro da situação se assemelha a uma sessão espírita na qual várias pessoas reunidas em torno de uma mesa vissem subitamente, por algum passe de mágica, a mesa desaparecer, de sorte que duas pessoas sentadas uma defronte a outra não mais estivessem separadas, mas tampouco estivessem relacionadas entre si por coisa tangível alguma".

É contra esse pano de fundo que Hannah Arendt constrói a sua análise dos fenômenos sociais, políticos e culturais próprios a essa modalidade de formação social. As ideias básicas, em torno das quais se articula a análise, são, portanto, as seguintes: a sociedade contemporânea, como forma externa de socialização; a tendência, daí derivada, à sua atomização, ao se enfraquecerem os vínculos significativos entre os homens; a solidão como condição fundamental do homem na sociedade de massas; a vulnerabilidade do homem isolado à adesão a movimentos sociais, que podem conduzir ao totalitarismo; finalmente, no plano cultural, a manifestação do processo de socialização no plano dos objetos culturais, ao funcionalizá-los e torná-los simplesmente instrumentais, meios para outros fins.

Tanto a análise de Mannheim, de natureza estritamente sociológica, quanto a de Hannah Arendt, na qual transparecem mais explicitamente seus pressupostos filosóficos, desenvolvem uma linha de pensamento conducente à formulação de uma imagem da sociedade e do homem contemporâneos que constitui ponto de referência fundamental para a moderna pesquisa empírica em Sociologia, pelo menos tal como se desenvolve nos Estados Unidos. Trata-se, contudo, de ponto de referência negativo: serve de fundamento para a formulação de uma imagem alternativa. As características básicas dessa imagem alternativa são a recusa do tema da atomização e do seu correlato, a indiferenciação social como caracterizadora de um aspecto estrutural básico da sociedade contemporânea; a consequente redefinição da noção de massa, através da ênfase na persistência e importância estrutural dos "grupos primários" nessa sociedade; no limite, o encaminhamento dessa linha de raciocínio até à substituição da noção de "sociedade de massas" pela de "sociedade pluralista" (o que implica, desde logo, eliminar da análise um conceito como o de socialização, entendido na forma discutida anteriormente e que desempenha papel de relevo tanto no pensamento de Mannheim quanto no de Hannah Arendt); finalmente – e naquilo que é fundamental do ponto de vista analítico – a dimensão mais propriamente sociopsicológica do problema adquire importância fundamental, às custas, contudo, de uma redefinição básica. Por essa via, aquilo que em Mannheim era um problema de modalidades de racionalidade no nível das diretrizes da ação social, e em Hannah Arendt representava modalidades de situação (implicando uma experiência estritamente pessoal) vinculadas a uma forma específica de organização social, passa a ser pensado em termos de atitudes, ou seja, de expressões diretamente observáveis (porque verbalizáveis) de disposições subjetivas para agir.

Rumo a uma perspectiva alternativa

A formulação dessa imagem alternativa da sociedade é decorrência de um conjunto de pesquisas desenvolvidas nos Estados Unidos durante as décadas de 1930 e 1940, em várias áreas da Sociologia: o estudo da organização interna da empresa (a célebre pesquisa de Hawthorne); a análise do processo eleitoral; estudos da Sociologia Rural; análises dos efeitos da propaganda em situação de guerra; finalmente, a pesquisa que na literatura ficou mais diretamente associada a essa orientação, a saber, o estudo sobre "o papel desempenhado pelas pessoas no fluxo da comunicação de massa" realizado por Lazarsfeld e seus colaboradores e publicada por Lazarsfeld e Katz no livro *Personal Influence*, que representa a sua versão mais acabada. O resultado geral disso ficou conhecido como a "redescoberta do grupo primário", que é apresentada pelos autores como "uma das conquistas da ciência social empírica". Na área dos estudos de comunicação, seu resultado específico foi a identificação do célebre modelo do fluxo em duas etapas da comunicação, *two-step flow of communication*.

A alusão que esses autores fazem a essa retomada do grupo primário em termos de uma conquista da ciência social empírica tem seu fundamento na circunstância de que ela constitui mais propriamente o resultado de cogitações acerca de problemas técnicos, de planejamento de pesquisa, do que de questões de caráter mais estritamente teórico. No estudo que Lazarsfeld e seus colaboradores fizeram da campanha para as eleições presidenciais norte-americanas de 1940 em Eire County, Ohio, que serviu de base para o livro *The People's Choice*, a técnica adotada de entrevistas repetidas com as mesmas pessoas (painel) impunha uma decisão básica acerca do tipo de amostragem a ser adotado. Verificou-se que a amostragem congruente com os pressupostos implícitos na imagem da sociedade de massas – uma amostra casual simples, que apanhasse indivíduos isolados, atomizados – não permitiria chegar a quaisquer conclusões significativas. Ao adotarem, contudo, um esquema de amostragem mais complexo, com quatro subamostras estratificadas, e ao combinarem os fatores de estrato socioeconômico, filiação religiosa e residência num Índice de Predisposição Política (IPP) os autores já rejeitaram, implicitamente, aquele modelo. Finalmente, quando o exame das fontes de influência nas atitudes políticas (expressas estas últimas na opção eleitoral) revelou a importância dos contatos pessoais diretos do interior dos grupos de convivência, e o IPP se caracterizou como um indicador fundamental do tipo de pessoas com as quais cada entrevistado mais provavelmente teria contato, estava aberto o caminho para privilegiar-se na pesquisa a importância dos grupos primários no processo em exame e, no interior desses, o papel das personagens de maior influência na tomada de decisão dos demais.

Chegou-se, assim, ao conceito de "líder de opinião", e à formulação da hipótese básica relativa ao fluxo de influência (em contraste com o de informação) no processo de comunicação, de que "as ideias frequentemente fluem *do* rádio e *da* imprensa para os líderes de opinião e *desses* para os segmentos menos ativos da população". É importante ressaltar que, se os contatos diretos foram de importância fundamental na tomada de decisão nos "segmentos menos ativos da população", os meios formais de comunicação (imprensa, rádio) foram apontados pelos próprios "líderes de opinião" como sendo as fontes mais efetivas de influência, no seu caso. É isso que justifica falar-se em "dois passos" do fluxo de comunicação oriundo dos *mass media* e não de duas dimensões autônomas do processo de comunicação: os "líderes de opinião" são pouco mais do que intermediários entre os meios formais e os indivíduos inseridos nos grupos primários.

No que diz respeito à importância grupal, os autores de *The People's Choice* concluem que, "em suma, os grupos sociais são politicamente homogêneos, e a campanha ainda aumenta essa homogeneidade. Pessoas que convivem sob condições externas similares são suscetíveis de desenvolverem necessidades e interesses similares. Tendem a aplicar interpretações comuns a experiências comuns. Pode haver, contudo, muitos membros de grupos que não estejam realmente cônscios das metas do seu próprio grupo ou, ainda que o estejam, não tenham interesse nos acontecimentos correntes suficiente para ligá-los entre si conscientemente. Eles se ajustam ao caráter político do seu grupo sob a influência persistente e pessoal dos concidadãos mais ativos politicamente".

Em *Personal Influence* Lazarsfeld e Katz retomam as conclusões de *The People's Choice* para aplicá-las a outra área que não a do comportamento eleitoral: aquela da conduta dos consumidores no mercado de bens de consumo, da moda e do entretenimento. Reforçam-se, com isso, as descobertas da pesquisa anterior (e de outras, entrementes realizadas) com alguns acréscimos que não importa examinar mais detidamente, neste ponto. Ressalte-se, apenas, a descoberta de que os líderes de opinião nas áreas do consumo cotidiano, à diferença daqueles atuantes na esfera dos negócios públicos, não se diferenciam significativamente dos seus influenciados quanto às características sociais e culturais. A construção de um "índice de importância" (fatores tipo de ciclo de vida, *status* social, "caráter gregário") permitiu verificar que, "exceto na arena dos negócios públicos, um *status* superior não confere automaticamente uma proporção maior de liderança no tipo de situações de influências face a face que nos preocupa. O poder do líder de opinião no consumo cotidiano (*marketing*), na moda e na frequência aos cinemas, que se exprime na persuasão informal e na influência amigável, provavelmente não deriva de riqueza ou posição elevada, mas do contato casual e cotidiano com os seus pares". Poder-se-ia dizer que o consumo é, assim, uma área eminentemente democrática; seus orientadores diretos são retirados pelos liderados de entre os seus iguais.

Se antes falávamos da presença de um "rousseaunismo" pervertido na análise da opinião pública pelas ciências sociais modernas, ao operarem como se a opinião pública fosse a mera somatória das verbalizações das atitudes individuais, poderíamos agora falar de uma superação parcial desse esquema, que nos conduziria, com todas as suas "redescobertas" e seu inegável requinte analítico, a uma imagem implícita da sociedade já mais próxima daquela de um Tocqueville corrigido. A sóbria exposição de Lazarsfeld e seus colegas ainda não é suficiente para exorcizar, em nome dos dados empíricos, o fantasma de Tocqueville, cuja visão da sociedade americana emerge praticamente ilesa no final dessas obras, ainda que o seu nome não apareça uma única vez nelas. A concepção de Tocqueville é corrigida ao se rejeitar o tema da atomização social, mas acaba sendo reforçada pela ênfase (implícita, em face do tom deliberadamente não crítico da exposição) sobre o problema do "conformismo" e do seu correlato, a "submissão à maioria" nos processos individuais de tomada de decisões socialmente relevantes.

Os líderes de opinião, afinal, operam como intermediários no processo pelo qual se cristaliza a "tirania da opinião pública" da qual falava Tocqueville. Isso, na medida em que a dimensão grupal entra na análise na qualidade de elemento condicionante das opções individuais, sem que a pesquisa consiga se desvencilhar das limitações que lhe são impostas pela sua concentração no nível das atitudes – vale dizer, das disposições individuais para agir, verbalizáveis e portanto aptas a serem captadas por instrumentos de pesquisa com a entrevista e o questionário. É verdade que pela "redescoberta do grupo primário" se elimina a ideia de uma indiferenciação social, própria às concepções mais radicais de sociedade de massas e se reintroduzem na análise pelo menos duas fontes de diferenciação: grupos de idade e nível socioeconômico. Isso não é surpreendente para quem jamais imaginaria que se pudesse encontrar qualquer contrapartida empírica para a noção de "massas atomizadas". Até pelo contrário, seria de se reclamar maior atenção para aspectos mais profundos da diferenciação social.

O efeito final das condições expostas por Lazarsfeld e seus colaboradores nas suas análises pode ser interpretado como uma substituição da imagem de uma "sociedade de massas" indiferenciada pela de uma sociedade internamente diferenciada numa multiplicidade de grupos, inseridos em faixas socioeconômicas e etárias distintas. No interior de cada uma das faixas, por sua vez, o comportamento é "como se fosse" de massa, mesmo porque a orientação no sentido da definição das atitudes é ministrada pelos pares dos sujeitos, no mais das vezes. A indiferenciação social, antes concebida como global, torna-se fragmentária sem desaparecer; sobretudo se tivermos em conta que, do ponto de vista da sociedade global, todos os "grupos primários" são encarados como tendo a mesma importância em termos de poder, influência ou de outros critérios. No limite, poder-se-ia aventar a ideia de que tais pesquisas tendem a substituir a imagem de uma grande "massa" de indivíduos pela de uma "massa" de grupos primários.

Nesse sentido, parece possível sustentar que ainda não é por essa via que se poderia tornar sem efeito as críticas já clássicas à pesquisa de opinião formuladas em 1948 por Herbert Blumer. No seu artigo, Blumer parte de uma crítica genérica às pesquisas de opinião, tal como entende serem elas realizadas, ao apontar que elas operam sem terem conseguido "isolar a 'opinião pública' como um conceito abstrato ou genérico, que poderia assim converter-se em ponto focal para a formação de um sistema de proposições". Vale dizer, assinala a ausência de um conceito teórico de opinião pública capaz de orientar a pesquisa em função de um objeto bem definido. Referindo-se aos procedimentos de pesquisa nessa área, Blumer aponta seis fatores a serem considerados para sugerir que eles não têm sido levados em conta adequadamente. O núcleo da sua crítica consiste precisamente em sustentar que, em vista dos procedimentos de amostragem utilizados, a pesquisa de opinião é levada a operar com uma imagem implícita da sociedade, segundo a qual ela não passa de um "agregado de indivíduos díspares"; ou seja, como se se tratasse de uma grande "massa". Toda a ênfase de Blumer concentra-se no aspecto oposto, que é o de considerar a sociedade como um todo organizado internamente diferenciado. O essencial das suas formulações, no tocante àquilo que nos interessa aqui, consiste em sustentar que "a formação de opinião pública ocorre como uma função da sociedade em operação. Não ocorre mediante a interação de indivíduos díspares que participam no processo em condições de igualdade. A formação da opinião pública reflete, pelo contrário, a composição e organização funcional da sociedade. Em qualquer sentido realista, a diversificada interação que dá origem à opinião pública ocorre em ampla medida entre grupos funcionais e não meramente entre indivíduos díspares. Diferenças de prestígio, posição e influência que caracterizam grupos e indivíduos nas organizações funcionais de uma sociedade são chamadas a atuar na formação da opinião pública".

Fica claro, nesses termos, em que medida as pesquisas de Lazarsfeld e seus colaboradores satisfazem aos requisitos formulados por Blumer, que, como ele próprio enfatiza, correspondem às exigências do "bom-senso". Para ter condições mínimas de escapar a quaisquer críticas baseadas em Blumer, tais pesquisas deveriam ter tomado como objeto de análise os *grupos* e não os *indivíduos* que os formam, através de suas atitudes em relação a uma campanha política ou ao mercado de bens de consumo ou de entretenimento. Na realidade, há um aspecto paradoxal nisso tudo, pois as pesquisas mencionadas, ao se proporem superar a imagem de uma sociedade "de massas" ao introduzirem a dimensão grupal na análise, o fazem tomando por objeto precisamente aqueles fenômenos que Blumer caracteriza como suscetíveis de um estudo em termos de "massa": as ações individuais de votar (com todos os votos tendo o mesmo peso, por definição), de adquirir bens no mercado ou mesmo de assistir a determinados filmes. O máximo que se pode afirmar é que as pesquisas em tela demonstram que decisões desse tipo — e as atitudes subjacentes — também não podem ser encaradas como "atomizadas", de sorte que acaba se revelando sem valor a distinção, proposta por Blumer, entre áreas em que a análise pode se concentrar sobre indivíduos isolados e áreas em que as relações intergrupais são as mais pertinentes.

Cabe não esquecer, por outro lado, os problemas metodológicos envolvidos num estudo que tomasse, como unidades de análise, grupos e não indivíduos nos quadros teóricos e institucionais em que opera a pesquisa empírica na Sociologia contemporânea. Se é verdade que, como assinala o principal discípulo europeu de Lazarsfeld, o francês Raymond Boudon, a análise contextual — cujo desenvolvimento muito deve ao próprio Lazarsfeld — constitui "a resposta dada pela Sociologia às objeções de Blumer, tornando-as em grande parte superadas", não é menos real que a aplicação efetiva dessa modalidade de análise enfrenta sérias dificuldades. "Teoricamente, a noção da análise contextual [vale dizer, a extensão da lógica dos *surveys* a outras unidades que não o indivíduo] fornece uma resposta a um problema fundamental para a Sociologia, a saber, aquele da relação entre estrutura social e comportamento individual. Mas somente na teoria, pois na prática constata-se que essa técnica quase não foi utilizada nos países europeus e que nos Estados Unidos os exemplos de sua aplicação ainda são relativamente poucos." As causas disso, segundo Boudon, são de caráter institucional, e dizem respeito à dificuldade de centros universitários arcarem com os altos custos de tais pesquisas.

Essa limitação já é das mais graves, mas não nos parece esgotar a questão. É de se recear que Boudon seja excessivamente otimista ao afirmar que na "análise contextual" se encontre a "resposta" para o problema de que trata; ou, pelo menos, a resposta já satisfatória. Essa modalidade de análise trata as suas unidades de pesquisa — individuais ou coletivas — como variáveis dotadas de certas "propriedades contextuais", ou seja, toma as propriedades de um todo abrangente como determinantes das propriedades de suas partes componentes. Nesse sentido, "as propriedades contextuais são, na realidade, características dos coletivos aplicadas aos seus membros". Os problemas de caráter puramente metodológico envolvidos nisso são, no entanto, dos mais sérios. Examinemos a questão com base numa obra citada por Boudon como um exemplo clássico dessa modalidade de análise: o trabalho de Lipset, Trow e Coleman sobre a "democracia sindical" entre os trabalhadores gráficos.

Para além da referência de Boudon, a escolha dessa obra para exemplo justifica-se por ela também ser pertinente ao nosso tema. Como é sabido, seus autores se propunham examinar empiricamente duas formulações teóricas mais amplas: o enunciado de Robert Michels, segundo o qual toda organização formal tende a tornar-se oligárquica (cuja validade é rejeitada, para o caso em tela) e a teoria da "sociedade de massas". Esta é apresentada como contraste à conclusão alcançada, de que a associação sindical estudada apresenta, na sua estrutura, os "grupos secundários" inseridos entre seus órgãos dirigentes e o conjunto dos seus membros, reclamados por autores como Tocqueville e Durkheim (que são citados no texto) para fazer frente ao risco da "massificação" e da concentração abusiva do poder.

Na organização pesquisada essa proposição intermediária é ocupada por clubes de colegas. Vamos retirar da discussão desse problema na obra um exemplo de proposição complexa baseada na análise contextual. Sustentam os autores que, tomando-se como variável independente a atividade política sindical, verifica-se que: 1) essa atividade é maior no grupo dos membros de clubes do que no de não membros; 2) o grupo com escores mais baixos de "sensibilidade ideológica" (medida por questionário) é mais afetado pela vinculação a clube do que aqueles com "sensibilidade ideológica" mais elevada, em termos de aumento de participação política, comparada com os não membros. A segunda constatação só ganha sentido na medida em que as três variáveis em questão – a atividade política, a "sensibilidade ideológica" e a vinculação a clube – são relacionadas entre si em termos de variáveis de contexto. É que, como revela a análise, a condição de membro de clubes propicia mudanças de comportamento político, determinadas pelas próprias características desses grupos, na medida em que eles, sem terem qualquer caráter político manifesto são, no entanto, "estruturalmente" politizados e politizadores. Esta sua propriedade deriva, por um lado, da parcela desproporcionalmente alta de membros politicamente ativos que reúnem (20% nos clubes contra 10% na união sindical como um todo); e, por outro lado, da circunstância de tais clubes constituírem áreas de relacionamento social mais estruturado e formalizado do que aquela dos contatos ocasionais entre colegas de trabalho. Visto que as preferências puramente individuais orientam seus contatos informais, determinando, por exemplo, a seleção de amigos com interesses (ou desinteresses) congruentes com os do sujeito, será apenas em grupos mais formalizados, como os clubes, que relacionamentos sociais sistemáticos e persistentes entre indivíduos mais diferenciados se realizarão. (É claro que os indivíduos menos politizados só ingressam neles porque eles não têm caráter político explícito.) Dadas as características globais desses clubes, o efeito final é que "o maior contato entre indivíduos politicamente ativos e outros que não o são aumenta a possibilidade de que os últimos sejam politicamente estimulados". Com isso voltamos, através da referência explícita dos autores, à noção de "líder de opinião"; somente que, nessa análise, a liderança de opinião é localizada, não no nível estritamente interpessoal, mas no plano da estrutura interna de determinados grupos. O importante é que a ação do grupo sobre o comportamento dos seus membros é independente dos propósitos manifestos destes; a sua organização mais formal, associada às características da sua composição interna, de certa forma impõe o trato de questões relativas à política sindical entre eles, com as consequências já vistas. Demonstra-se, em suma, que, em consonância com o enunciado geral exposto mais acima, temos aqui um caso em que uma propriedade do contexto – o alto grau de politização dos clubes – determina uma propriedade dos seus membros componentes – o seu alto grau de politização relativa.

O ponto forte dessa análise reside em que supera o plano das pesquisas de caráter mais sociopsicológico, centrado nas atitudes individuais. Por isso mesmo, não opera no nível da "pesquisa de opinião", porém, mais propriamente, no do estudo empírico das condições estruturais da atividade política. Com isso, ainda se mantêm, no essencial, as objeções de Blumer, na medida em que se poderia sugerir que a "resposta" que a análise contextual é chamada a dar para os problemas levantados por ele conduz a pesquisas que vão além do plano das atitudes – e, portanto, das opiniões – ao tratarem de outras unidades de análise que não o indivíduo. Persiste, é claro, o fato de que um considerável esforço tem sido dedicado para aperfeiçoar instrumentos de pesquisa mais adequados ao tratamento das relações entre unidades coletivas de análise. Mas os comentários de Blumer conduzem mais longe, ao sugerirem a impossibilidade teórica de se fazer pesquisas de opinião tomando, como unidade de análise, grupos e não indivíduos. É nesse nível teórico que o problema deve ser tratado, e não no plano das técnicas de pesquisa; e é por isso que as réplicas de Theodore M. Newcomb e Joan Woodward a Blumer, ou as observações de Boudon a que nos referimos, são, no fundo, equivocadas.

O que Blumer afirma, em síntese, é que: 1) na pesquisa corriqueira de opinião, esta é entendida como atributo de indivíduos, quando, na realidade, é efeito das inter-relações de grupos funcionais diferenciados no interior de uma sociedade; 2) mas a busca da opinião no nível grupal é obstada porque falta o conceito teórico de opinião pública que lhe daria sentido. Indo um pouco mais além, poder-se-ia sustentar que a noção de "opinião" efetivamente só tem contrapartida empírica no plano individual enquanto verbalização de atitudes.

Constitui patente contrassenso falar de opinião "grupal" (mesmo tomando esse termo como sinônimo de "pública") e isso se revela na pesquisa empírica pela impossibilidade de tratar esse fenômeno em termos que, para usar a linguagem de Lazarsfeld, estejam no nível das "propriedades globais" de um coletivo (não traduzíveis em proposições acerca das propriedades individuais dos seus membros) e não apenas das suas "propriedades agregativas" (em que tal conversão é possível). A noção de "opinião" – e seu correlato, a de "atitude" – tem sentido nas pesquisas sociopsicológicas ou microssociológicas, ou seja, no estudo de pequenos grupos. A dificuldade de análise macrossociológica, na área que nos interessa, não reside apenas nos problemas do planejamento e realização de pesquisas, mas na necessidade de recorrer a conceitos de alcance correspondente, estritamente referidos a características globais de grupos complexos. Tais conceitos, quando disponíveis – a exemplo dos de "ideologia", "anomia", ou "consciência de classe" –, são de tratamento empírico muito difícil.

Remetidos que fomos, contudo, à dimensão mais propriamente teórica do problema, convém examinar um pouco mais detidamente o esquema organizador desse enfoque analítico que questiona a imagem clássica da "sociedade de massas", e a imagem da sociedade alternativa que propõe. As coordenadas básicas pertinentes são: quanto à orientação geral da análise, ela é funcionalista (ou, se se preferir, "estrutural-funcional"); quanto à sua preocupação básica, diz respeito às condições da integração consensual de sociedades complexas; no tocante à concepção de sociedade envolvida, trata-se da "sociedade pluralista".

Isso fica marcado, desde logo, na obra de Lipset e seus colaboradores, que viemos discutindo. Uma vez revelada a presença dos "grupos intermediários" na organização mais ampla que é seu objeto de estudo, a preocupação desses autores se volta para a busca das funções desempenhadas por tais grupos, tendo em vista corrigir um aspecto central da teoria corrente da "sociedade de massas". O cerne do seu argumento reside na distinção entre duas funções muito diferentes da organização secundária. "Por um lado, elas atuam como bases do poder compensatório [*countervailing power*, como explícita referência a Galbraith], como grupos de interesses que restringem o poder absoluto do organismo central. Por outro lado, servem para incrementar a participação política". Levando em conta a possibilidade de serem essas funções desempenhadas por organizações bastante diversas, os autores apontam uma consequência importante dessa distinção. "Uma sociedade pode ter uma ampla variedade de associações secundárias, que se encarregam do importante papel de contrabalançar o poder estatal, sem ter uma estrutura subjacente de grupos primários capazes de assegurar a segunda função, de incremento do envolvimento pessoal. Sob certos aspectos, podemos conceber a sociedade urbana norte-americana como sendo uma sociedade de massas nesse sentido."

Essa observação é importante, posto que introduz um refinamento notável na teoria da "sociedade de massas", ao assinalar que a recusa do tema da "atomização" para caracterizá-la não implica converter a presença de "organizações secundárias" em condição suficiente para sustar-se o aparecimento das características políticas que usualmente lhe são associadas.

O desenvolvimento dessa linha de raciocínio conduz, contudo, a formulações que traem o desvio de perspectiva resultante da tendência dos autores para extrapolar as características organizatórias da associação sindical para o estudo da sociedade global, tomando ambas como análogas no que diz respeito aos processos políticos básicos. Dessa forma, virtualmente todas as formas de organização – associações de veteranos de guerra, cooperativas de consumo, planos médicos e o sindicato típico são exemplos usados – são encarados como operando no sentido de "manter a democracia na sociedade mais ampla ao atuarem como bases independentes de poder", embora não sejam dotadas de redes interpessoais internas capazes de lhes assegurar a função de estimulantes da participação política.

A ideia de atribuir indiscriminadamente a condição de bases independentes de poder aos numerosos grupos e associações existentes numa sociedade complexa é, no entanto, das mais discutíveis. Ainda que usando argumentos um tanto caricaturais, um cientista político aponta um aspecto fundamental desse problema. Discutindo a teoria da "sociedade pluralista", comenta Otto Kirchheimer que, à parte a importância dos sindicatos e associações religiosas, "é extremamente duvidosa a importância sociológica de associações corais, de filatelistas, de apicultores, clubes contra a vivissecção etc.; talvez tenham muitos associados, mas é difícil perceber de que modo poderiam funcionar como intermediários entre o Estado e o indivíduo, salvo dentro de limites muito estreitos. Na Alemanha da República de Weimar existiam inúmeras associações desse tipo; todas elas se apressaram em adotar a ideologia fascista em 1933. Isso naturalmente teve suas razões: a intensiva atenção a *hobbies* perpetuava e favorecia a ignorância política".

Recusa-se, assim, a tese dos efeitos equilibradores da proliferação de "grupos intermediários" na sociedade, visto que somente alguns poucos entre eles são de importância estratégica. Na realidade, Lipset e seus colegas são conduzidos às suas concepções desse tema não apenas por extrapolarem as conclusões de seu estudo de uma organização estrategicamente situada no plano global e peculiarmente estruturada no plano interno: a própria lógica da análise funcionalista os impele nesse sentido.

Há, com efeito, uma marcada afinidade entre a concepção da "sociedade pluralista" e o empenho da análise funcionalista, no sentido de localizar as bases da integração de um sistema complexo em termos das posições recíprocas das suas partes componentes e dos processos derivados das suas inter-relações. É que, se a base empírica para a análise de formações sociais desse tipo consiste em dados acerca de uma pluralidade de grupos diferenciados, a perspectiva funcionalista permite articulá-los de maneira congruente com uma exigência nuclear desse modelo de sociedade. Tal exigência básica diz respeito à demonstração da necessidade da presença desses diversos grupamentos para a persistência do padrão de integração do conjunto social maior. Prescinde-se, assim, da localização de um princípio estrutural mais profundo, que dê sentido à ordenação peculiar entre os diversos subsistemas em presença. Vale dizer, a única hierarquização pertinente entre os elementos é de ordem "linear", na qual eles se articulam numa escala que vai do grupo particular às unidades mais complexas, num movimento de integração em "níveis" progressivos. Um exemplo disso é a reinterpretação a que Talcott Parsons submete os resultados de uma das duas pesquisas clássicas sobre campanhas eleitorais orientadas por Lazarsfeld: aquela que retoma o esquema de *The People's Choice* para aplicá-lo às eleições presidenciais norte-americanas de 1948. Nessa pesquisa, como nas outras da mesma série, o foco da atenção são os determinantes grupais de atitudes individuais, e as manifestações dessas atitudes em termos de opiniões e opções (eleitorais, no caso; de consumo e entretenimento, em *Personal Influence*). Chega-se, por essa via, a conclusões como a de que os indivíduos submetidos a pressões contraditórias, emanadas dos diversos grupos a que pertencem, tendem a ser os mais indecisos quanto à sua escolha eleitoral, e os mais propensos a modificá-la no curso do tempo.

O esforço de Parsons consiste justamente em retomar esses resultados, derivados de uma análise com forte carga psicossociológica, para inseri-los numa análise mais estritamente sociológica, em que a articulação dos grupos é examinada de uma perspectiva funcionalista. Referindo-se ao processo analisado naquela obra, Parsons escreve que, no seu nível mais baixo, ele "depende do resultado estatístico de milhões de atos individuais", mas que, em níveis superiores, ele ganha estrutura, pois "a vinculação do indivíduo às suas associações solidárias como referência para o voto constrói a sociedade numa série gradativa de passos, rumo a unidades aptas a serem significativamente relacionadas aos problemas importantes do momento, às alternativas realistas com que se defronta o sistema político enquanto sistema. Como uma estrutura de integração política, o topo dessa estrutura é formado pelos dois partidos nacionais".

Ao operar no nível das relações entre grupos, entendidos como subsistemas, a interpretação funcionalista da imagem da "sociedade pluralista" permite evitar a redução sociopsicológica implícita nas pesquisas centradas nas atitudes. Ficam, por essa via, se não superadas, pelo menos contornadas algumas das dificuldades mais salientes contidas tanto na imagem da sociedade "de massa" quanto naquela "pluralista".

Cumpre ressaltar, preliminarmente, que ambas as imagens são construídas em torno de preocupações concernentes à análise da dimensão política das formações sociais contemporâneas: dizem respeito a modalidades de distribuição e exercício do poder (ou, na perspectiva sociopsicológica, da influência) nessas sociedades. É, portanto, nessa esfera que nos moveremos na discussão que segue.

No que diz respeito à concepção da "sociedade de massas", sabemos que a preocupação subjacente tem como um dos seus aspectos centrais o tratamento dos movimentos sociais; daí a atenção dada à sua "vulnerabilidade institucional". Um exame da mais difundida obra de síntese nessa área, o livro de William Kornhauser sobre a política da sociedade de massas) permite, no entanto, constatar, como já foi apontado por pelo menos um autor (Harold Willensky, em artigo no qual examina se há independência ou interdependência entre sociedade de massas e cultura de massa) que um raciocínio nuclear dessa teoria é viciado por circularidade. Com efeito, Kornhauser, ao sistematizar as principais contribuições nesse campo, põe à mostra que, no tratamento do tema central do "controle totalitário", essa teoria vincula esse controle à "disponibilidade da massa" para, finalmente, definir essa disponibilidade de modo circular: como assinala Harold Willensky, ela é "indicada por 1) uma taxa elevada de comportamento de massa, e 2) carência de vinculação a grupos independentes. Confundem-se, aqui, as causas hipotéticas do comportamento de massa com o próprio comportamento de massa".

Esse ponto é decisivamente superado por um esquema de análise que rejeite a tese da "atomização" e os seus correlatos – mesmo porque são totalmente incompatíveis com seus pressupostos – em favor da ideia de uma organização multigrupal.

Uma segunda dificuldade relacionada com a anterior é, no entanto, apenas parcialmente superada pela visão "pluralista" em qualquer das suas versões. Diz ela respeito ao tema fundamental da relação negativa que se postula entre a presença de "grupos secundários" no conjunto social e a suscetibilidade deste a movimentos sociais de caráter destrutivo. Nesse ponto, a associação dos temas de atomização e da vulnerabilidade institucional ao do comportamento de massa nos conduz mais diretamente ao tratamento dos determinantes grupais de conduta; mais diretamente, portanto, à análise de fundo sociopsicológico. Há dois pressupostos básicos a esse respeito na teoria da "sociedade de massas". Em primeiro lugar, supõe-se que os grupos secundários têm efeito "moderador" sobre as tendências individuais a aderir a movimentos de massa, ao envolverem as pessoas numa teia de normas e compromissos. Em segundo lugar, atribui-se a todos esses grupos, ainda que implicitamente, a condição de grupos de referência importantes em todas as áreas da vida dos seus membros. Ambas as suposições são vulneráveis à crítica. A primeira delas deixa de levar em conta que os agrupamentos secundários podem muito bem ter efeitos mobilizadores mais do que moderadores (como, de resto, é apontado na análise de Lipset, Trow e Coleman referida mais acima). Quanto à segunda, é claramente refutada pela observação direta.

Esse segundo pressuposto, contudo, é comum a ambas as imagens da sociedade: "de massa" ou "pluralista". Embora, no que concerne a esta última, o problema se manifeste com maior nitidez em estudos cuja unidade de análise última é o indivíduo – enquanto portador de "propriedades de contexto" –, a sua redefinição em linhas funcionalistas apenas consegue transferir a dificuldade para o nível intergrupal. O problema persiste, ainda que atenuado, pois o pressuposto de que todos os grupos, enquanto subsistemas, são significativos, positiva ou negativamente, para a integração do conjunto maior é próprio desse esquema de análise. Poder-se-ia argumentar, com efeito, que a interpretação funcionalista, sobretudo na sua versão parsoniana, ainda introduz uma agravante nessa dificuldade, ao operar com um modelo orientado pela busca do *consenso*; o que equivale a acentuar mais uma vez a tendência, já presente na imagem da sociedade pluralista, no sentido de negligenciar a diferenciação entre os grupos, do ponto de vista da sua importância estrutural. Isto ocorre tanto por motivos metodológicos (sobretudo o caráter linear da inserção dos subsistemas na estrutura abrangente já apontada) quanto em virtude das implicações da própria noção-diretriz de integração consensual: só se concebe o consenso entre iguais numa reciprocidade equilibrada.

Se, no entanto, ao invés de pensarmos a perspectiva funcionalista em termos mais próximos à sua formulação parsoniana, formos a um representante mais moderado dessa diretriz teórica, como Robert Merton, encontraremos uma abertura para uma linha de análise que, sem se deter no nível das atitudes individuais e congruente, no geral, com as premissas da imagem da sociedade pluralista, retoma essa problemática num enquadramento diverso. Escrevendo sobre um tema afim às análises já mencionadas de Lazarsfeld e seus colaboradores (grupo do qual fez parte), a saber, o estudo de "padrões de influência interpessoal" numa comunidade, afirma ele, no melhor espírito funcionalista: "Estudos na sociologia das comunicações de massa precisam suplementar as análises em termos de atributos pessoais de leitores e ouvintes com análises dos seus papéis sociais e sua inserção em redes de relações interpessoais".

A contribuição específica de Merton, nesse seu trabalho, consiste primeiramente em construir dois tipos de "portadores de influência" inspirados na clássica contraposição entre comunidade e sociedade: os "locais" e os "cosmopolitas", respectivamente. Em seguida, examinam-se os papéis sociais desempenhados por essas figuras, por uma ótica que combina a sua referência à articulação funcional de *status* num sistema com a consideração dos aspectos da personalidade envolvidos na influência interpessoal. Dessa perspectiva, "o decisivo é o padrão de utilização do *status* social e não os contornos formais do próprio *status*".

Estuda-se, dessa forma, o comportamento na área das comunicações em termos das "*funções* sociais e psicológicas" (é Merton quem sublinha) desempenhadas pela seleção e uso que cada um desses tipos faz do material comunicativo. Essas funções, por seu turno, vinculam-se aos "papéis sociais que determinam os usos possíveis e efetivos da comunicação". Cruzam-se, por essa via, a perspectiva individual (através das "funções psicológicas" do comportamento comunicativo) e a propriamente social (através da análise dos papéis, que definem as "funções sociais" desse comportamento), para se encontrarem no nível dos padrões de uso simultâneo do *status* e da comunicação pelos influenciadores. No final, descortina-se uma categoria mais geral orientadora dessa análise, pela qual se supera o nível do estudo das atitudes isoladas: aquela dada pelo conjunto de orientações básicas dos sujeitos. "Parece que o comportamento na área das comunicações constitui parte das rotinas de vida e das orientações básicas dos dois tipos de portadores de influência. Suas seleções de revistas, jornais e programas de rádio simultaneamente refletem e reforçam essas orientações básicas."

Se substituirmos a expressão "orientações básicas" por "caráter" – no que, é claro, estaremos abandonando o enquadramento do estudo de Merton – teremos aberto o caminho para considerar um outro padrão de análise da problemática em tela. Neste, a "sociedade pluralista" é exposta e examinada em termos já não funcionalistas, mas centradas no tipo de "caráter social" congruente com ela. Referimo-nos à obra de David Riesman e seus colaboradores sobre a sociedade e a cultura norte-americana em meados do século passado. Riesman, como tantos outros, amadureceu suas ideias nessa área num processo que inclui a revisão crítica da concepção tradicional de pesquisa de opinião, cujas premissas ideológicas ele põe à mostra, como representativas da "ótica liberal novecentista, do indivíduo como átomo social". Ademais, assinala ele na mesma ocasião, a aplicação de questionários sobre opinião tem por efeito dar uma ilusão de poder àqueles que não o têm. As relações entre opinião e poder, redefinidos ambos num quadro de referência mais geral, constituem tema nuclear na obra de Riesman, e aparecem com toda a nitidez em *The Lonely Crowd*, que passamos a examinar.

Recordemos o seu tema básico: a relação entre tipos de caráter social e modalidades de formação social ("classe, grupo, regiões e nações") em suas esferas institucionais. A noção orientadora da análise é, portanto, a de "caráter social". O próprio Riesman aponta as suas "muitas ambiguidades", mas acaba por identificá-las com "modo de conformidade", ou seja, aquela dimensão da personalidade individual que, através do processo de socialização no interior de um grupo, assegura a conformidade do seu portador em face das exigências sociais historicamente dadas.

A referência, portanto, é a um conjunto de orientações básicas (para nos valermos do termo de Merton, que é perfeitamente pertinente ao caso) e não a atitudes ou opiniões discretas. Sob todos os aspectos, trata-se de análise no nível macro: refere-se a grandes grupos ou sociedades globais, a longos períodos históricos, e a uma dimensão complexa da organização psicológica individual.

Em primeira aproximação, o estudo de Riesman estaria na linha das pesquisas sobre "cultura e personalidade", tão difundidas nas ciências sociais a partir da década de 1930; com efeito, a dimensão cultural parece ser fundamental em qualquer análise que parta das premissas formuladas por ele, uma vez que a orientação do comportamento é dada por valores. A perspectiva adotada por ele, contudo, o leva a pôr ênfase nas relações entre caráter e estrutura social e, nesta última, a procurar especialmente as bases dos mecanismos de decisão; enfatiza-se, portanto, a dimensão política.

O resultado mais geral da análise consiste na construção dos diversos tipos de caráter social, engendrados em períodos históricos específicos: "dirigido pela tradição" (*tradition-directed*), "endodirigido" (*inner-directed*), "heterodirigido" (*other-directed*), cada qual com suas variantes polares, os tipos "autônomo" e "anômico".

Não nos interessa, aqui, o exame das hipóteses algo bizarras formuladas por Riesman acerca da vinculação entre esses diversos tipos de caráter e determinadas magnitudes de natureza demográfica, próprias a cada fase histórica estudada. Basta-nos recordar, em traços gerais, que o tipo orientado para a tradição corresponde à sociedade pré-industrial, ao passo que os dois outros correspondem a etapas diferentes da Revolução Industrial: o tipo "endodirigido" é próprio de uma sociedade em que a ênfase recai sobre a produção, enquanto que o "heterodirigido" corresponde à ênfase sobre o consumo, sendo seu cenário a sociedade norte-americana contemporânea. Os diversos tipos, por seu turno, refletem mudanças no processo de socialização. No caso dos dois últimos, exprime-se a passagem da internalização dos padrões familiares, que engendra o tipo "endodirigido", para o predomínio dos valores mais difusos, veiculados por instituições como os meios de comunicação de massa e as escolas, e reforçados cotidianamente pelas relações interpessoais.

A nós interessa o modo pelo qual essa análise concebe o tipo de caráter "heterodirigido" e a sociedade que lhe é congruente. O estudo se concentra sobre a sociedade norte-americana, com o fito de demonstrar a tese de que houve mudanças profundas no caráter social americano entre o século XIX e o XX; mudanças essas ilustradas pela passagem do caráter "endodirigido" para o "heterodirigido". Quais são os traços essenciais do portador desse tipo de caráter social, orientado para outrem? Basicamente, ele é uma pessoa preocupada com a opinião que os outros formam a seu respeito, mais do que com qualquer desempenho individual próprio. Quando há conflito entre sua individualidade e o conformismo em face da opinião alheia, é a segunda opção que vence. Sua conduta está pautada por essa preocupação, mais do que por quaisquer cânones fixos e internalizados; é, portanto, a situação em que ele se encontra nas suas múltiplas áreas de relacionamento com outros que vai definir a sua linha de ação. Sua vida social se organiza como uma sucessão de compromissos assumidos diante do olhar vigilante daquilo que Riesman chama de "um júri de seus pares". A busca ansiosa da aprovação alheia e seu correlato, a tendência ao compromisso, em contraste com a afirmação vigorosa de uma posição própria, conduz à dissolução do individualismo, esse valor tão caro do homem "endodirigido" da primeira etapa da Revolução Industrial, cujo protótipo é o empreendedor pioneiro na área econômica.

A sociedade à qual esse tipo de caráter é próprio é também pintada por Riesman em tons cinza: nada de contrastes enérgicos e de conflitos, mas uma articulação complexa e lábil de compromissos grupais. É o protótipo da "sociedade pluralista", em que nem as classes (dissolvidas em grupos menores e competitivos sem serem antagônicos) nem as massas (aglutinadas nesses mesmos grupos) são categorias estruturais pertinentes.

O homem "heterodirigido" é um cidadão "supersocializado" (no sentido sociopsicológico do termo). Em contrapartida, a sociedade em que vive é "subsocializada" (no sentido weberiano de "socialização"), e tende a carecer de um núcleo bem definido e de lideranças políticas firmes. A sociedade "pluralista" é complexa e lábil em termos de organização, amorfa e indeterminada em termos de poder. Inútil procurar nela alguma "classe dirigente", como o faz, por exemplo, Wright Mills: o poder está disperso em seu interior, numa multiplicidade de grupos, aglutinados em torno de interesses específicos e mobilizados apenas em face de situações que os afetam diretamente. O poder está distribuído por esses grupos, que atuam à semelhança de empresas monopolistas: competem entre si na busca dos seus objetivos próprios, sem deixarem vir à tona antagonismos destrutivos. Limitam-se a exercer o direito de veto sempre que alguma iniciativa alheia fira seus interesses: são os "grupos de veto" que dão substância àquilo que Galbraith – com a anuência entusiástica de Riesman – chama de "poder compensador". Poder-se-ia dizer, nesse contexto, que a grande categoria oculta da análise de Riesman, tanto no que diz respeito ao plano da conduta individual quanto no concernente à ação coletiva, é a de *situação*. Tanto o indivíduo "heterodirigido" quanto a "sociedade pluralista" operam através de ajustes a curto prazo às situações criadas pelo seu relacionamento com os próximos, num processo de acomodação múltipla. Compreende-se, por essa via, o motivo das apreensões manifestadas por Riesman acerca da sociedade que está estudando, quando assinala que ela tende para uma divisão em uma multiplicidade de grupos carentes de qualquer organização abrangente.

Mais uma vez reconhece-se aqui um tom familiar na análise. Para que não sejamos sempre nós a invocar o mesmo nome, deixemos que Ralph Dahrendorf e Seymour M. Lipset o façam: é Tocqueville que se impõe à atenção de quem lê Riesman. Não se trata, é claro, do Tocqueville precursor da concepção de "sociedade de massas" e da preocupação com o "totalitarismo". Até pelo contrário, é a carência de uma organização abrangente do poder mais bem definido que preocupa Riesman; mas também esse tema já aparecia no observador francês dos Estados Unidos de 1830, ao formular as bases daquilo que Dahrendorf chama de "democracia sem liberdade", composta de um conformismo sustentado pelo "despotismo da opinião". (Para perceber essa convergência basta reler a passagem reproduzida neste mesmo capítulo.) Não nos interessa examinar aqui se Dahrendorf e Lipset têm razão ao sustentarem, como fazem, que a tese de Riesman acerca da novidade do fenômeno que se propõe estudar é falha e que as observações e análises de Tocqueville (e outros observadores novecentistas, evocados por Lipset) já teriam assinalado o mesmo estado de coisas um século antes da redação de *The Lonely Crowd*. Interessa-nos, por outro lado, aquilo que Riesman tem a dizer acerca do papel da opinião na sociedade americana, assim como nos importa o esquema geral de sua análise.

Escrevendo sobre as relações entre tipos de caráter social e opiniões, afirma Riesman: "A pessoa endodirigida, se é que se ocupe de política, vincula-se à cena política por sua moralidade, por seus interesses bem definidos, ou por ambos. Seu relacionamento com suas opiniões é estreito, não periférico. As opiniões são meios para defender certos princípios da política. Em contraste com isso, a pessoa heterodirigida, quando é política, vincula-se à cena política como membro de um grupo de veto. Ela deixa a defesa dos seus interesses a cargo do grupo, e coopera quando chamada para votar, para aplicar pressão, e assim por diante. Essas táticas de pressão parecem tornar manifestas as suas opiniões no nível político, mas elas na realidade ajudam a tornar-lhe possível desvincular-se de suas opiniões. Ao não mais operar como um 'eleitor independente' – no mais dos casos, uma ficção amena, mesmo na era dependente da endodireção – suas opiniões políticas, como tais, não são sentidas como vinculadas à sua função política. Podem servir-lhe, assim, como uma contraposição social no seu papel de consumidor das novidades políticas no interior do grupo de pares. Ela pode ser tolerante para opiniões alheias porque são 'meras' opiniões sem o peso de uma adesão sequer parcial a seu papel e à sua ação na área política. São 'meras' opiniões, ademais, porque o mundo político dos grupos de veto é tão intratável que a opinião como tal é tida como quase irrelevante".

Esse tratamento dado por Riesman ao problema da opinião tem duplo interesse. De uma perspectiva mais ampla, o seu exame revela uma peculiaridade digna de nota. É que, acerca desse aspecto – dos mais importantes, de resto –, poder-se-ia dizer que, se há uma diferença significativa entre a análise de Tocqueville e a de Riesman, ela ocorre no sentido histórico oposto ao perseguido por este: remete a *antes* e não a *depois* da obra de Tocqueville. Com efeito, se em Tocqueville encontramos uma concepção "pós-iluminista" da opinião, em que esta tende a ser identificada com opinião pública, em Riesman o termo volta a ganhar – ainda que de uma perspectiva crítica – a conotação que tinha no pensamento político setecentista, discutida no capítulo 2 deste livro: confunde-se com a expressão da *reputação* das pessoas. (Seria interessante ver como Riesman explicaria a presença desse significado do termo na época por excelência do predomínio do caráter "endodirigido".) No que concerne, por seu turno, às implicações dessa análise de Riesman no tocante ao tratamento do problema da pesquisa de opinião na sociologia contemporânea, é elucidativo o confronto com a perspectiva examinada antes, e associada ao nome de Lazarsfeld. Aqui, o contraste é nítido, e se articula em torno da não adoção, por Riesman, de uma ótica centrada no estudo quantitativo das atitudes dos sujeitos, em favor de uma perspectiva macrossociológica, que incorpora a análise qualitativa de entrevistas. Do ponto de vista adotado por Riesman, a "pesquisa de opinião" tradicional simplesmente não tem sentido, porque não capta mais do que manifestações da "heterodireção" dos sujeitos; de certa forma, essa modalidade de pesquisa seria, ela própria, uma expressão dessa "heterodireção". (Ocorre, a propósito, a observação sarcástica do historiador J.R. Strayer, ao comentar criticamente a utilidade das pesquisas de opinião para os historiadores futuros, em resposta a formulações de Lazarsfeld: "Em 2400 o historiador poderia resumir as pesquisas de eleições presidenciais norte-americanas simplesmente afirmando que os americanos do século XX eram muito interessados em política e gostavam de tentar predizer os resultados de eleições".)

Nesse sentido, Riesman redefine a noção de "líder de opinião". A liderança de opinião passa a ser encarada como uma estratégia específica, adotada por certos indivíduos "heterodirigidos" nas suas relações sociais. Trata-se daqueles indivíduos dispostos a assumirem os riscos da "diferenciação marginal"; vale dizer, da conduta suficientemente livre das peias grupais para ser "diferente", mas não tanto a ponto de provocar uma ruptura com o grupo. Tais pessoas "tentam influenciar os veredictos [a formulação de normas e preferências] ao mesmo tempo em que os repetem – um jogo perigoso, sem dúvida".

Essa concepção se reflete na posição de Riesman acerca da importância e dos efeitos dos meios de comunicação de massa, que também se revela diversa da de Lazarsfeld. Para este, ainda que implicitamente, esses meios de comunicação desempenham papel da maior importância na formação de preferências e, por essa via, também no processo político. Sua análise tende a exaltar essa importância – ainda que explicitamente se proponha demonstrar o contrário – ao sugerir que essa figura estratégica que é o "líder de opinião" recolhe sua própria orientação dos meios de comunicação de massa. Nesse sentido, é errôneo argumentar, como muitos fazem, que as pesquisas sobre o "fluxo em duas etapas" da comunicação destroem os mitos acerca da "onipotência" desses meios. Para isso são necessárias análises de mais longo alcance, mais do que pesquisas centradas em problemas imediatos ou de curto prazo e preocupadas, no mais das vezes, com as condições de intervenção eficaz em áreas diminutas da realidade. Vistos da perspectiva de Riesman, por seu turno, os meios de comunicação são importantes enquanto agências socializadoras, cuja ação reforça a "heterodireção" já predominante, pelo simples motivo de que seus próprios controladores são tão "heterodirigidos" como a sua audiência.

Dessa forma, tanto os meios de comunicação de massa quanto a opinião pública são incorporados no quadro mais amplo da mudança social e cultural a longo prazo e, nessa incorporação, são redefinidos de tal modo que tornam sem sentido boa parte da orientação tradicional da pesquisa nesse campo. Na realidade, é talvez Riesman, entre os autores examinados até agora, quem mais se aproxima de uma resposta adequada às exigências formuladas por Blumer nas suas críticas à pesquisa de opinião, ao tratar da opinião e dos meios de comunicação de uma perspectiva dinâmica e ampla: não são os efeitos desse ou daquele meio de comunicação de massa sobre tais atitudes específicas dos membros de determinado grupo acerca de uma questão dada que interessam, mas sim as relações entre o conjunto dos meios, a reorganização global das orientações dos sujeitos, o sistema de valores e a organização social abrangente, numa fase histórica dada. Visto que em Riesman o "caráter social" é uma categoria central da análise, mas não é tido como determinante, e sim como determinado pelo meio social (Lipset fala em tom polêmico do "materialismo" da interpretação de Riesman), a questão se desloca para a concepção da sociedade subjacente à análise.

Como vimos, Riesman opera com uma concepção radical da "sociedade pluralista". Trata-se, na realidade, de uma das duas concepções polares acerca da sociedade norte-americana produzida pela sociologia americana na década de 1950. Sua exata contrapartida é dada pela concepção formulada por Wright Mills, sobretudo em seu estudo sobre *A elite do poder*. Novamente não nos interessam, neste ponto, os méritos comparativos de ambas as análises no que diz respeito ao seu poder explicativo em relação ao objeto específico de estudo. Não se trata, portanto, de optar por essa ou aquela modalidade de análise como a melhor para compreender a sociedade norte-americana contemporânea. Interessa-nos, antes, confrontar as linhas mais gerais de articulação dessas análises, tendo em vista compreender melhor as implicações teóricas das imagens da sociedade subjacente. Isso fica mais claro no exame que ambos os autores fazem, da estrutura do poder nos Estados Unidos.

A esse respeito, o essencial é que Riesman opera com um modelo de sociedade em dois "patamares": no nível inferior, um aglomerado desorganizado de pequenos grupos, formados pelos portadores da estrutura de caráter dominante; no superior, encontramos não propriamente uma estrutura, mas uma combinação continuamente recomposta de grupos de interesse, os grupos de veto. A relação entre ambos os níveis não é de dominação, mas, mais propriamente, daquilo que se poderia chamar de "clientela" no nível "inferior" em relação ao "superior". Já a concepção de Wright Mills apresenta contornos mais definidos. Articula-se em três "patamares", dos quais o inferior é formado pelas "massas" (resultantes da desagregação dos "públicos"); o intermediário, que corresponde ao nível superior em Riesman, é onde se encontram os níveis "médios do poder", ocupados pelos grupos de interesse; finalmente, no escalão superior, temos a "elite do poder", sendo que a relação entre o escalão superior e o inferior é de dominação, mediante manipulação de valores, expectativas e formas de consciência. Nesse contexto, os meios de comunicação de massa assumem em Wright Mills um caráter instrumental que não tinham em Riesman.

Fica clara, aqui, a estreita relação existente entre as noções adotadas e a imagem da sociedade subjacente às diversas análises. Em Wright Mills encontramos uma definição clara da polaridade elite/massa; termos que definem, pelo seu mútuo condicionamento, os grandes traços da imagem da sociedade adotada. Em Riesman, a recusa da noção de massa, e sua substituição pela de uma multiplicidade de grupos, acarreta a rejeição da noção complementar de elite. Em ambos os casos, contudo, o conjunto social mais amplo é visto como fracamente organizado, tendente à nivelação entre suas partes, e de fracas potencialidades democráticas.

Essa convergência não ocorre por acaso. É que, longe de serem *opostas*, as concepções de "sociedade de massas" e "sociedade pluralista" são complementares. Constituem o verso e o reverso da formulação dos mesmos pressupostos básicos, e se condicionam mutuamente, da mesma forma como suas noções constitutivas o fazem no interior de cada qual. Sua semelhança profunda está dada pela identidade da sua construção: ambas são de caráter mais descritivo do que explicativo. Para sermos mais precisos, ambas são construídas segundo a lógica de formulação de tipos, vale dizer, seu caráter é mais propriamente individualizador. Seu poder explicativo, contudo, é severamente limitado pela circunstância que, afinal, define o seu perfil comum: em nenhum deles fica claro qual é o princípio estrutural básico da articulação da sociedade desse modo e não de outro qualquer. Na carência de tal princípio, somente se pode construir seja modelos da dominação "linear" (o esquema "elite/massas" de Mills) seja, pelo abandono da premissa de linearidade, modelos desarticulados em pluralidade de grupos, como o de Riesman.

Num trabalho dedicado à crítica das teses acerca da "sociedade de massas", Daniel Bell afirma que "afora o marxismo, a teoria da sociedade de massas é, provavelmente, a mais influente teoria social no mundo ocidental contemporâneo". Na realidade, a referência de Bell se limita às teorias com as quais não concorda. Exclui aquela, tão influente quanto as outras (mais do que a marxista, com efeito) da qual é, em boa medida, um representante: a da "sociedade pluralista". No entanto, suas críticas à "teoria da sociedade de massas" como uma construção ideológica de fundo conservador, são perfeitamente aceitáveis; apenas aplicam-se também à sua contrapartida, que é a "teoria da sociedade pluralista". Não é por acaso que viemos evitando, até aqui, usar o termo "teoria" ao nos referirmos a essas formulações. É que elas não satisfazem as exigências associadas a esse termo: não correspondem a um conjunto integrado de proposições, dotado de poder explicativo em relação ao seu objeto. São, muito mais, construções de caráter descritivo e individualizadoras (enquanto tipos), com baixo grau de integração, e, sobretudo, referentes a aspectos parciais da realidade a que se referem. Por isso mesmo pode ocorrer que sejam usadas de modo intercambiável para designar o mesmo objeto, às vezes até pelo mesmo autor em momentos diferentes. São, uma e outra, construções ideológicas que desafiam os procedimentos de verificação usuais em ciência. Outra formulação de Bell no mesmo livro é expressiva, quando, falando dos Estados Unidos, refere-se à "sociedade de massas na qual a opinião pública reina" para, em seguida, observar que, em tal sociedade, "grupos diversos são mais do que nunca forçados a assumir alguma identidade coerente". A fusão entre a imagem de "massa" e de "pluralismo" não poderia ser mais completa.

É verdade que, no concernente às tentativas de pôr à prova ou de desenvolver as hipóteses derivadas de Riesman, nota-se uma concentração muito significativa nos trabalhos que operam com sua noção de "caráter social", aplicada ao caso norte-americano, ficando em segundo plano o seu complemento social específico, que é a "sociedade pluralista"; vale dizer, exploram-se os seus enunciados acerca da presença de um determinado tipo de "caráter social" nos Estados Unidos e das suas implicações no plano cultural, sem entrar no problema mais amplo, do relacionamento entre caráter e estrutura social. De modo geral, esses trabalhos conduzem a resultados congruentes com as teses de Riesman nesse particular. Verifica-se assim, por exemplo, que uma análise de conteúdo de propaganda comercial numa revista feminina revela uma crescente orientação "heterodirigida", entre 1890 e 1950. Uma pesquisa mais ambiciosa, realizada na Alemanha, propõe-se apontar a especificidade do universo cultural em que se move a análise de Riesman. Para isso, tomou-se ao pé da letra o título da sua obra sobre a "multidão solitária", para em seguida proceder a um exame comparativo do perfil de associações semânticas das expressões para "solidão" em inglês e alemão. Constatou-se, em suma, que as conotações do termo em língua inglesa são predominantemente negativas – a "solidão" dos americanos e ingleses não tem correspondência direta com a "solidão" dos alemães, mas corresponde nitidamente à expressão alemã para "medo" – ao contrário do caso alemão, em que as conotações tendem a ser positivas. Seria de se concluir, com base nesses indícios, que a "heterodireção", como componente da cultura norte-americana, estaria presente no seu próprio universo verbal (resta saber desde quando), mas seria pouco saliente na cultura alemã (resta saber como seria classificada a sociedade alemã). Tais observações ficam reforçadas pela alta associação entre "solidão" e "tragédia" em alemão, levando-se em conta que o segundo desses termos não tem conotação negativa nesse contexto. Este último ponto poderia ser inferido, por exemplo, de uma análise de conteúdo comparativa de peças teatrais norte-americanas e alemãs da década de 1920, em que a satisfação pessoal e a integração nas normas do grupo constituem tema saliente nas primeiras, ao passo que o "heroísmo trágico do homem solitário" predomina nas segundas.

Tudo isso claramente diz respeito à dimensão sociopsicológica do problema, e ao seu contexto cultural. Compreende-se, por essa via, por que as formulações de Riesman revelam mais claramente sua utilidade no estudo da "cultura de massa" ou da "cultura popular", que é nosso próximo tema.

5
Cultura e sociedade: o cenário contemporâneo

Operando agora explicitamente no nível das sociedades contemporâneas (no terço final do século XX) e, em particular, das suas manifestações historicamente mais desenvolvidas, importa-nos caracterizar aquela dimensão tendencialmente dominante na sua esfera cultural, constituída pelo conjunto de bens culturais produzidos e consumidos em escala industrial no seu interior e articulados num sistema próprio. A esse sistema cultural peculiar corresponde, na linguagem predominante nas ciências sociais, o termo "cultura de massa".

O termo, por vago que seja, denota um sistema – mais propriamente, um subsistema – simbólico, dotado de pelo menos uma característica, que persiste na definição dos seus múltiplos conceitos alternativos em uso: é o resultado da ação dos meios de comunicação de massa, em sociedades tecnologicamente avançadas e de alto grau de urbanização.

É patente que a adoção desse termo específico implica supor como seu substrato social uma "sociedade de massas" e que a busca de noções alternativas implica não somente apontar as limitações próprias a esse termo particular como, também, redefinir de modo congruente a concepção de sociedade que lhe corresponde. Isso será feito, aqui, ao longo de um exame das diversas dimensões em que se apresenta o problema, e das polêmicas que se vêm travando a respeito.

O critério básico para organizar o tratamento do tema será o de localizar e examinar, para cada uma das dimensões em que se apresenta o problema, o sujeito e a forma de produção dos bens culturais, por um lado, e o sujeito e a forma de seu consumo, por outro. Os conceitos básicos, nessa ótica, são os de produção, participação e consumo.

Um aspecto saliente do tratamento da dimensão cultural das sociedades contemporâneas mais avançadas diz respeito à descaracterização sofrida pela noção de "sociedade de massas" e de sua correlata, "comunicação de massa", cujas debilidades inerentes viriam à tona no decorrer de uma longa polêmica sobre o tema.

Isso se revela com a maior nitidez num autor que ainda adere a essas noções, para contudo extrair do seu tratamento conclusões opostas às dos críticos mais tradicionais, preocupados com temas como a "atomização" social e a "mediocrização" cultural em tais sociedades. Trata-se de Edward Shils, cujo pensamento pode ser tomado como paradigmático nesse contexto. Shils opera a neutralização plena da noção de "sociedade de massas", procurando com isso eliminar as suas ambiguidades de raiz ideológica. Para ele, essa formação social não corresponde àquela entidade bastarda que provocaria calafrios em elitistas culturais como Ortega y Gasset ou T.S. Eliot; não implica, em suma, a ascensão das "massas" à posição dominante no interior do conjunto social. Antes pelo contrário, a "sociedade de massas" é, para Shils, aquela formação social em que a parcela da população até então marginal é progressivamente incorporada pelo seu "centro", num processo de ampliação gradativa dos limites da vigência da mesma organização social básica, de base industrial. Vale dizer, a "sociedade de massas" acaba sendo concebida como precisamente aquela em que desaparecem as "massas", absorvidas que são pelo conjunto abrangente.

É nesse contexto que surge, para Shils, o problema da "cultura de massa"; e, uma vez exorcizado o espectro das "massas", torna-se mais fácil a tarefa que ele se impõe, de demonstrar que esse problema é erroneamente proposto pelos autores que o encaram criticamente. O que ocorre, no seu entender, é que a própria expansão da "sociedade de massas" conduz a uma percepção mais aguda das diferenças sociais e culturais, concomitante a uma percepção mútua mais clara dos diversos grupos sociais em presença. É por essa via que aparece, entre certos intelectuais, a preocupação com uma suposta "deterioração dos padrões culturais" na sociedade contemporânea. No entanto, o verdadeiro problema reside, para ele, "nos nossos intelectuais e suas instituições e em algumas das nossas tradições culturais, que pouco têm a ver com a cultura criada para os *mass media* e apresentada por eles". Há, efetivamente, uma tendência no sentido da "dissolução do 'público educado'", formado pelo conjunto "coerente, mas não organizado", de consumidores de uma cultura "superior". Persistem, contudo, para além da suposta "homogeneização", as diferenças básicas entre níveis de apreciação de bens culturais, comuns a quaisquer sociedades: a "sociedade de massas" ostenta, simultaneamente, manifestações de cultura "refinada", "medíocre" e "brutal".

Não interessa, no presente contexto, a caracterização que Shils faz desses diversos níveis culturais. O que importa é sua insistência em que tal diferenciação corresponde a tendências genéricas, válidas para qualquer sociedade complexa, e têm por fundamento último as variações individuais de sensibilidade estética. Nesse ponto, Shils sugere que há uma distribuição constante, para qualquer sociedade, dessas potencialidades individuais; e conclui, em consonância com isso, que na "sociedade de massas" as perspectivas da "cultura superior" são tão boas como em qualquer outra, se não melhores, se o critério não for o da proporção de apreciadores da alta cultura, mas sim o seu número absoluto. Isto, contudo, é apenas uma tendência, a ser mantida se os portadores da "cultura superior" souberem resolver os seus problemas básicos, quais sejam, "a manutenção da sua qualidade e da influência sobre o resto da sociedade" através da manutenção das "tradições próprias e da coerência interna" da cultura superior, para além das suas revisões e redefinição em consonância com as exigências da época.

Observa-se, desde logo, que a argumentação de Shils se articula em torno de dois temas básicos. Em primeiro lugar, o cenário cultural é analisado em termos da diferenciação das condições de fruição de bens culturais; vale dizer, a participação na cultura é examinada do ponto de vista do seu consumo. No que tange à produção cultural – e aqui tocamos o segundo ponto – a referência se concentra na responsabilidade, direta ou indireta (ou seja, de elaboração ou crítica), de determinada camada social, formada pelos intelectuais.

O primeiro ponto, que é fundamental do nosso ponto de vista, não é explorado por Shils com a mesma atenção que ele dedica ao segundo. Isso se deve à diretriz básica da sua obra nessa área, dada pela polêmica que sustenta, contra os críticos preocupados com a "massificação" da cultura. Num outro artigo, no qual significativamente trata de "devaneios e pesadelos", Shils retoma esse tema, para assestar suas baterias contra os intelectuais mais engajados na crítica à "cultura de massas". Os seus alvos principais são o chamado Grupo de Frankfurt, liderado por Max Horkheimer e (ao qual se vinculam, direta ou indiretamente, nomes como os de Adorno, Marcuse, Lowenthal e Fromm) e os grupos da extinta revista *Politics* (editada por Dwight MacDonald) e *Dissent* (representado por Irwing Howe mas do qual também participa MacDonald). Juntamente com esses, aparece como alvo de seus ataques a figura do psicanalista e sociólogo Ernest van den Haag, adepto de posições políticas totalmente diversas daquelas dos seus companheiros de infortúnio. Isso introduz uma certa incongruência no raciocínio, de vez que boa parte da argumentação de Shils repousa na asserção de que a crítica contemporânea à "cultura de massa" é obra de socialistas (ou ex-)marxistas (ou ex-)desiludidos com o não advento da revolução almejada e a transformação do Estado soviético num pesadelo de tirania burocratizada. Marxistas ou não, sustenta ele, esses autores sofreram a fundo a influência do pensamento de Marx. Mas, nas condições dadas, "sua anterior crítica econômica da sociedade capitalista transformou-se numa crítica moral e cultural da sociedade industrial em grande escala. Eles não mais criticam a classe dominante por utilizar as leis da propriedade e religião para a exploração do proletariado, em busca da mais-valia; ao invés criticam os mercadores de *kitsch* que, enleados na máquina de civilização industrial, não exploram o trabalho, mas as necessidades emocionais das massas – necessidades emocionais produzidas elas próprias pela sociedade industrial".

A estranheza pela inclusão de Van den Haag na lista dos adversários de Shils se justifica se tivermos em conta que, longe de ser ou jamais ter sido socialista, ele é um conservador convicto, ligado ao grupo da *National Review*. Sua adesão ao liberalismo econômico e político novecentista é inabalável, e é precisamente em seu nome que ele formula suas críticas à moderna cultura de massa, como veremos.

Nesse ponto, Shils se expõe à réplica de Lewis Coser, que adverte contra os riscos de construir argumentos acerca das posições de autores com base nas suas posições passadas. Coser adota o clássico argumento da reversão da acusação. Afinal, lembra ele, o próprio Shils, como tradutor de Mannheim, não é tão inocente no tocante à introdução nos Estados Unidos de modalidades de pensamento cujo uso ele agora critica. Quanto à presença de Van den Haag na lista de Shils, Coser comenta que esse autor, em matéria econômica, "tem concepções que meu pai banqueiro consideraria um tanto ultrapassadas nos idos de 1920". A linha de argumentação por ele adotada conduz Shils a atribuir aos críticos da "cultura de massa" um "saudosismo romântico" fundado numa visão idílica da sociedade pré-industrial e a compor, em consonância com isso, um quadro que esses autores, em conjunto, teriam das condições do homem na "sociedade de massas" que, embora escrito a sério, constitui uma verdadeira obra-prima de caricatura polêmica. Visto que essa suposta reconstrução das concepções daqueles autores tem sido adotada como fidedigna, ainda que de modo implícito em numerosos textos de orientação semelhante à de Shils, vale a pena reproduzi-la no essencial.

"A interpretação crítica da cultura de massa repousa numa imagem peculiar do homem moderno, da sociedade moderna e do homem em eras anteriores. Tal imagem tem pouca base nos fatos. É um produto de preconceitos políticos desapontados, vagas aspirações por um ideal não realizável, ressentimento contra a sociedade americana e, no fundo, romantismo revestido da linguagem da sociologia, psicanálise e existencialismo. Se fôssemos tomar a sério as duas fontes básicas da interpretação da 'cultura de massa', acreditaríamos que o cidadão comum que ouve rádio, vai ao cinema e assiste televisão é algo novo no mundo. É um 'sujeito privado, atomizado', totalmente destituído de crenças religiosas, sem qualquer vida privada, sem uma família que signifique algo para ele; é padronizado, carregado de angústia, perpetuamente num estado de agitação 'exacerbada', de vida 'vazia de sentido e 'trivializada', alienando seu passado, de sua comunidade e possivelmente de si próprio, cretinizado e brutalizado'. O homem comum, segundo essa visão, foi esmagado pela grande sociedade; perdeu suas raízes em suas comunidades orgânicas de território e parentesco, trabalho e fé. O homem na sociedade moderna carece de individualidade e no entanto é terrivelmente solitário. Ao invés de desenvolver a rica individualidade que seus devotos defensores esperavam, ele perdeu sua identidade supostamente preexistente no anonimato das instituições modernas. Foi despersonalizado e degradado até se tornar uma peça numa máquina industrial impessoal. A natureza da produção em massa da sua cultura – que é necessária para que ele e seus semelhantes possam ser supridos em quantidade e baixos custos suficientes – impede-o de desenvolver seus gostos e inteligência. Ao invés de se elevar às alturas da sensibilidade e percepção que a doutrina socialista levou seus simpatizantes a esperar, a maioria da população voluntariamente empobrece sua própria existência, recebe bem as 'distrações das agruras humanas' oferecidas pela cultura de massa e, no entanto, não encontra satisfação." E assim por diante. Veremos em seguida até que ponto isso corresponde a uma leitura séria dos principais adversários de Shils, os autores do grupo de Frankfurt. É lícito antecipar desde logo, no entanto, que Shils revela não ter entendido absolutamente nada das formulações dos seus principais adversários. O importante, no caso, é que não se trata de simples questão de má-fé na polêmica (embora Coser, na sua réplica, mostre que esta também ocorre). É que na própria perspectiva em que ele se coloca – pela qual fica enfatizada a dimensão do consumo de bens culturais e sua distribuição social – o adequado entendimento de formulações que, na realidade, são imensamente mais ricas do que ele sugere, fica bloqueado de antemão.

Na sua réplica a Shils, Coser aponta mais uma premissa da sua análise, que influi na sua visão do problema. É que, ao acusar os críticos da "cultura de massa" de saudosismo romântico, Shils opera com o pressuposto de um progresso linear e homogêneo da humanidade. Não lhe é dado perceber que o progresso numa área – sobretudo naquilo que concerne aos efeitos da Revolução Industrial – não implica automaticamente progresso em todas as outras. Coser sugere mesmo que, na área cultural, teria havido um retrocesso relativo. No entanto, a réplica de Coser se restringe, no essencial, em apontar a incapacidade de Shils de perceber o que é específico à era contemporânea. No mais, ele se movimenta no mesmo universo de discurso de Shils, ao destacar o papel dos intelectuais; com a diferença, claro, de que sua ênfase se põe sobre a necessidade da presença do intelectual crítico, em contraposição ao otimismo conformista que inspira a obra de Shils.

Em confronto com as observações de Coser, a réplica de Van den Haag a Shils é simplesmente devastadora. Vamos concentrar-nos, aqui, no essencial desse texto, porque nele fica evidenciado, de maneira sintética, o raciocínio básico do seu artigo anterior, que havia sido criticado por Shils. Naquele artigo, no qual defende a ideia de que "não temos medida para a felicidade e o desespero", a ênfase se concentrava sobre três pontos. O primeiro deles dizia respeito à especificidade das condições contemporâneas de produção e fruição de bens culturais. Esta é analisada em termos da passagem da dominação direta das "massas" pelas "elites" para a sua manipulação – não intencional, mas definida pelas próprias exigências da produção em grande escala – na esfera do mercado, tornada dominante pela industrialização e que abrange a produção e distribuição de bens culturais. O paradigma disso seria dado pela transformação do "barão ladrão" em "industrial vendedor". Em segundo lugar, assinala-se o caráter de meros "sucedâneos" dos bens culturais difundidos em ampla escala, desligados que estão, em virtude da própria dinâmica de sua mercantilização, da satisfação de necessidades psíquicas reais, definíveis no plano individual. O paradigma disso é dado pela violência nos *mass media*: "O que está errado com [ela] não é que seja violência, mas que não é arte – que é violência sem sentido, que só excita, mas não gratifica. A violência do desejo de significação e de vida é deslocada e aparece como um desejo de violência sem significado. Mas a violência incessantemente suprida não pode, no final, satisfazê-lo, porque não vai ao encontro do desejo reprimido". Finalmente, enfatiza-se a carência de sentido das tentativas de comparação entre modalidades culturais, enquanto formas de experiência humana, em sociedades e épocas diferentes. "Houve períodos mais felizes, e outros mais desesperados do que o nosso, mas não sabemos quais [...]. A felicidade sentida em grupos díspares, em períodos e lugares díspares, não pode ser medida e comparada [...]. Se a massa dos homens se sentia melhor ou pior sem as técnicas de produção em massa das quais a cultura popular é parte inelutável, é algo que jamais saberemos. Para a felicidade e para o desespero não temos medidas."

Este último ponto é diretamente aplicado à réplica a Shils, convergindo por essa via com as formulações de Coser. "Shils sugere que qualquer crítico da cultura de massa necessariamente será um saudoso de tempos idos, um *laudator temporis acti*; não vejo base para isso, nem para seu próprio chauvinismo temporal. Não temos medidas; e a história não é um fluxo homogêneo; segue-se que comparações com o passado dependem em boa medida do período tomado como padrão. Julgamentos globais parecem fúteis."

Para Van den Haag, o problema básico consiste em relacionar a produção em massa com as qualidades dos objetos culturais. Sustentar, como faz Shils, que a cultura "refinada" se tornou acessível a mais pessoas na sociedade contemporânea do que em qualquer outra "constitui o problema, não a solução. O que as pessoas estão fazendo com a herança cultural que se vai tornando acessível a elas? Qual o impacto que essa herança cultural tem sobre elas?"

Fica claro, por essas questões, que o relacionamento reclamado por Van den Haag, entre as condições de produção e os objetos culturais produzidos, só pode ser entendido enquanto modalidades de experiência humana. Isso implica uma ampliação mais precisa das áreas pertinentes ao adequado entendimento do problema em torno do qual gira a discussão. É verdade que a perspectiva adotada por Van den Haag, centrada exclusivamente nas condições de experiência individual, bloqueia uma percepção mais profunda das questões mais propriamente sociológicas envolvidas; além de que corrige o evolucionismo ingênuo de Shils por uma visão de história perigosamente carregada de componentes irracionalistas. Não há como negar, contudo, que essa perspectiva permite visualizar aspectos frequentemente negligenciados do tema. Abre, com isso, o caminho para o pleno aproveitamento de uma concepção mais ampla, que também enfatiza a dimensão da experiência humana envolvida no estudo da cultura, e o faz de uma perspectiva mais sensível às variações significativas no nível especificamente social e histórico. Tal concepção mais "aberta" se encontra, de modo especialmente rico, na obra de Raymond Williams, em particular quando ele analisa os condicionamentos dos "modos de viver" definidos pela "sociedade como um todo" e suas implicações culturais.

Com base na sua perspectiva geral, Van den Haag formula aquilo que não encontra em Shils: as bases (ou, pelo menos, "alguns prolegômenos") para uma "teoria coerente da cultura de massa". Seus pontos básicos, em transcrição sumária, são os seguintes: "1) Há uma separação entre elaboradores e consumidores da cultura, que constitui parte da separação geral entre produção e consumo e entre trabalho e jogo (*play*). A cultura converte-se em ampla medida num espetáculo, e a vida e a experiência tornam-se exógenas e vicárias; 2) a produção em massa visa a satisfazer uma média de gostos e não pode assim satisfazer qualquer gosto [individual] plenamente; 3) [em vista disso] os produtores de cultura tornam-se (e permanecem) uma elite ao satisfazerem as preferências dos consumidores, e não pelo desenvolvimento de gostos autônomos. A iniciativa e o poder de conferir prestígio e renda deslocaram-se da elite para a massa; 4) à massa dos homens desgostam, e sempre desgostaram, a erudição e a arte. Ela deseja ser distraída da vida ao invés de tê-la revelada; a ser confortada por fórmulas tradicionais de preferência a ser abalada por novas; 5) como resultado dos altos custos psicológicos e econômicos da individualidade e da privacidade, o espírito gregário tornou-se internalizado. As pessoas temem a solidão e a impopularidade; a aprovação popular converte-se no único critério moral e estético reconhecido pelas pessoas; 6) a atração altamente acentuada dos mercados de massa, tanto para os produtores quanto para os consumidores, desvia talento potencial da criação de arte; 7) a comunicação excessiva serve para isolar as pessoas umas das outras e da experiência. Ela estende os liames ao enfraquecê-los; 8) os *mass media*, por razões inerentes, têm de conformar-se aos cânones de gosto médios. Eles não podem incentivar a arte; na realidade, eles a substituem; 9) o efeito total da cultura de massa consiste em distrair as pessoas de vidas que são tão tediosas que geram a obsessão do escape. Como, no entanto, a cultura de massa cria a dependência da experiência pré-fabricada, a maioria das pessoas é privada das possibilidades remanescentes de crescimento e enriquecimento autônomos, e suas vidas tornam-se ainda mais aborrecidas e carentes de plenitude".

Na realidade, se admitirmos os critérios mínimos para a formulação de uma teoria coerente (a redundância fica por conta de Van den Haag), teremos aqui um conjunto de sugestões fecundas, prejudicadas contudo pela carência de adequada integração lógica dos seus diversos elementos. Deve-se essa falta de rigor – e, complementarmente, a dificuldade para, a partir daí, atingir-se o nível propriamente teórico de análise – à mescla, quase inextricável num pensamento vigoroso como o desse autor (e por isso mesmo ele é significativo) entre a ênfase numa dimensão profunda, que pode dar coerência à análise, dada pelas condições históricas de relacionamento entre produção e consumo de cultura, e formulações diretamente derivadas de uma opção ideológica prévia. Essa opção ideológica, representada pela adesão irrestrita a uma concepção do mundo individualista com fortes tintas conservadoras em todas as suas dimensões, introduz o tom propriamente crítico na análise, mas o faz a partir do seu exterior. A crítica não emerge da caracterização do próprio fenômeno, pela qual viriam à tona os seus elementos imanentes, mas constitui o próprio fundamento da elaboração teórica. Teoria e crítica não formam um todo articulado, mas a crítica preteórica é posta como simultaneamente fundante e parte integrante das formulações que se entendem como teóricas.

Um grande passo à frente, rumo àquilo que Van den Haag justamente reclama como necessário, que é a formulação de uma teoria da "cultura de massa", é dado quando se redefine radicalmente a busca da dimensão ideológica no tratamento do tema. Essa redefinição ocorre quando a ideologia deixa de ser encarada como um componente das próprias formulações do analista para passar a ser procurada no nível do próprio objeto de estudo. Tal passo é dado por Dwight MacDonald, numa sequência de artigos, na qual ele progride da tentativa de formulação de uma "teoria da cultura popular" (na revista *Politics*, em 1944) para a preocupação com uma "teoria da cultura de massa" (na revista *Diogenes*, em 1953), para finalmente cristalizar suas ideias no exame daquilo que chama de *masscult* e *midcult*. A redefinição do seu tema de análise já é significativa; permite-lhe distinguir entre a "cultura de massa" e a "cultura popular", na medida em que esta última "envolve uma espontaneidade e autenticidade que constituem uma qualidade de arte de *folk*, mas não daquilo de que estou tratando".

Nossa atenção vai concentrar-se, de maneira altamente seletiva, sobre a formulação mais recente, e mais trabalhada, das concepções de MacDonald, com ênfase naquilo que está subjacente às suas análises mais específicas de casos concretos das categorias culturais que o preocupam.

A caracterização geral da "cultura de massa" – ou, nos seus termos, *masscult* – segue linhas familiares. Trata-se de um "fenômeno novo na história", que se distingue por "não ser cultura" e sim "uma paródia de Alta Cultura, manufaturada para o mercado". O confronto básico, na análise, é entre a *masscult* e a *alta cultura*. Entre essas categorias polares se insere aquela que representa uma solução de compromisso mais próxima da primeira, que é a *midcult*; expressão que designa o análogo daquilo que muitos designam por *kitsch*.

Falar em *masscult* implica caracterizar a noção de massa e fundar nela – e na sua contrapartida implícita, a sociedade de massas – a análise. "A questão da *masscult* é parte da questão mais ampla das massas. A tendência da moderna sociedade industrial, seja nos Estados Unidos ou na URSS, é no sentido de transformar o indivíduo no homem de massa. Pois as massas são no tempo histórico o que uma multidão é no espaço: uma grande quantidade de pessoas incapazes de expressarem suas qualidades humanas porque não se relacionam entre si nem como indivíduos nem enquanto membros de uma comunidade... Uma comunidade, pelo contrário, é um grupo de indivíduos vinculados por interesses concretos". MacDonald não é sociólogo – longe disso, como se verá a seguir – e portanto não há por que se surpreender, nem como se irritar, com as fabulações de literato que permeiam a sua análise (sobre a atomização e degradação geral das massas, e assim por diante; incluindo a inevitável referência ao título da obra de Riesman sobre a "multidão solitária"). Isso não o impede de assinalar com precisão o que, do ponto de vista sociológico mais profundo, é o essencial: que a noção de "massa" é uma ficção que, no máximo, pode servir de instrumento analítico de caráter descritivo, e, no mínimo (que corresponde ao seu uso comum) é de caráter ideológico. "O homem de massa, tal como eu uso o termo, é uma construção teórica, um extremo para o qual estaremos sendo empurrados, mas que jamais atingiremos. Pois tornar-se plenamente um homem de massa significaria não ter vida privada, nem desejos pessoais, *hobbies*, aspirações ou aversões que não fossem compartilhadas por todos os demais. Nosso comportamento seria inteiramente predizível [...] e os sociólogos poderiam, finalmente, construir suas tabelas com tranquilidade". É contra o pano de fundo dessa formulação que adquire real sentido a observação de que precisamente "essa aberração coletiva, as 'massas', o 'público', é tomada como norma humana pelos técnicos da *masscult*. Eles simultaneamente degradam o público, ao tratá-lo como objeto, e o exaltam e suprem seus gostos e ideias ao tomá-los como critério da realidade (no caso dos sociólogos de questionário) ou da arte (no caso dos senhores da *masscult*)". A identificação, implícita em MacDonald, entre a "sociedade de massas" e a "sociedade industrial", explica-se pelo modo como é introduzida a dimensão histórica na sua análise. "A Revolução Industrial produziu as massas. Foi apenas no final do século XVIII europeu que a maioria da população começou a desempenhar um papel ativo, na história e na cultura. Até então somente havia Alta Cultura e Arte de Folk. Em certa medida, a *masscult* é uma continuação da segunda, mas as diferenças são mais notáveis do que as semelhanças. A Arte de Folk provinha principalmente de baixo, um produto autônomo formado por pessoas para satisfazer as suas necessidades. A *masscult* vem de cima. É fabricada por técnicos a soldo de empresários". O resultado é tanto os produtores quanto os consumidores de *masscult* serem "apanhados por um mecanismo que os força a adaptarem-se ao seu próprio padrão; a *masscult* é como um motor de dois tempos, e quem poderá dizer quando ele está posto em movimento, se é a subida ou a descida do cilindro o fator responsável por sua ação persistente?"

A anticrítica pluralista

As formulações de MacDonald são significativas, na medida em que sugerem, ainda que de modo difuso, uma teorização mais rica, sobretudo no que diz respeito ao tratamento da "cultura de massa" como ideologia, produzida num contexto de dominação através dos mecanismos de mercado. O segundo desses aspectos já se encontrava em Van den Haag; mas o primeiro é peculiar a MacDonald, dentre os autores discutidos até aqui. Persiste, contudo, uma limitação decisiva.

Apesar do tom crítico das formulações de MacDonald acerca do problema das massas, afeta-as uma ambiguidade (na medida em que esse fenômeno é tomado simultaneamente como ideologia e como realidade, sem discriminação entre esses dois planos) que o leva a operar com o conceito base de "sociedade de massas". Isso obsta a construção de fundamentos teóricos mais sólidos para a análise do tema, e sugere, no encaminhamento do nosso próprio estudo, o exame da posição oposta à dele, centrada na ideia do pluralismo no nível social e cultural.

No que diz respeito ao tratamento de problemas culturais, essa posição se apresenta em vários níveis de elaboração, atingindo um grau bastante elevado de sofisticação em algumas das suas expressões. Na sua expressão mais primária – representada, contudo, por um dos trabalhos mais citados nessa área – ela está presente no artigo de Raymond e Alice Bauer, acerca da manifestação do problema em questão nos Estados Unidos. Em essência, este artigo se resume na defesa da ideia de que as pesquisas empíricas, pelas quais se privilegiaram os grupos primários em relação à "atomização" social como foco de análise dos problemas de comunicação conduziram à dissolução do "mito da onipotência dos meios de comunicação". Este "mito", por sua vez, é encarado como dando alento à utilização da noção de "cultura de massa" e à crítica desse fenômeno. Da perspectiva dos Bauer, a sociedade norte-americana é pluralista não só social como também culturalmente; vale dizer, há diversificação na produção e distribuição de bens culturais e, em consonância com isso, ampla oportunidade de escolha por parte dos seus receptores. Ao lado disso, atribui-se aos críticos da "cultura de massa" a premissa de que o conteúdo das mensagens emitidas pelos meios de comunicação é equivalente aos seus efeitos; ou, em outros termos, de que há uma relação linear e direta conteúdo/efeito, o que numerosas pesquisas sociopsicológicas (sobre dissonância cognitiva, por exemplo; embora a literatura sobre o tema não seja explorada no artigo) permitem pôr em dúvida.

Nesse ponto, a argumentação dos autores tende a sair do sério. Referindo-se à suposta tendência dos críticos a encararem a violência presente em muitos programas dos *mass media* como engendrando a violência naqueles que os recebem, dizem eles: "Não cabe dúvida de que, numa população de 150 milhões de pessoas, a TV haja provocado atos de violência em certas parcelas do populacho – exatamente como o fez o advento do pirulito e do sorvete de copinho. Por mais que se desaprove a quantificação vulgar, contudo, as questões relevantes são de caráter quantitativo".

Uma versão muito mais refinada da perspectiva pluralista da cultura é oferecida por Herbert J. Gans. Sua posição é perfeitamente explícita: "Creio que a cultura de massa é uma manifestação, entre outras, do pluralismo e da democracia na sociedade americana". Em congruência com isso, ele rejeita a noção de "cultura de massa", que lhe parece viciada por "conotações indesejáveis", e opera com aquela de "cultura popular". Rejeita, da mesma forma, a visão crítica do fenômeno em questão, que "se baseia numa concepção falsa do uso e função da cultura popular". Na realidade, sustenta Gans, "há numerosas culturas populares, e essas, assim como a alta cultura, constituem exemplos de gosto ou estética. A cultura popular abrange várias subculturas, mas não a alta cultura; o termo será usado nesse sentido aqui. O conjunto de subculturas de gosto forma a cultura de gosto nacional: o rol total de arte, entretenimento, lazer e produtos de consumo correlatos que estão disponíveis na sociedade. As pessoas que fazem escolhas semelhantes entre esses produtos, e pelas mesmas razões estéticas, serão descritas como um público de gosto". Neste ponto, em que se introduz o tema central do trabalho de Gans – o exame dos critérios de gosto – a própria natureza do tema o conduz a uma caracterização de público em termos de um agregado de indivíduos discretos, com o risco correspondente de dissolver a imagem da sociedade pluralista naquela, já familiar, da sociedade de massas "atomizada". Isso não escapa à atenção do autor, que se apressa em aduzir que "as opções não são feitas ao acaso" e que os elementos e critérios da escolha são organizados em "subculturas de gosto" que, conjugadas, formam "culturas de gosto". "Cada cultura de gosto serve seu próprio público de gosto, constituído por pessoas que consideram desejável o conteúdo daquela cultura." Aqui, apesar de todo o esforço envidado para escapar ao dilema criado por ele próprio, o autor se enleia de vez nas malhas muito estreitas da noção, central na sua análise, referente à categoria eminentemente individual de escolha. Isso transparece claramente na última frase, em que o problema que se pretendia evitar reaparece, com a agravante de que a expressão "desejável", à qual se atribui conteúdo explicativo, na realidade constitui mais propriamente a questão que exige exame. No final, a solução do problema consiste em redefini-lo em termos de uma hipótese, sujeita à verificação empírica. "Ao invés de supor uma única cultura popular, o enfoque sociológico propõe que o número de culturas é um problema empírico a ser determinado por estudos sobre quem escolhe qual conteúdo, e quais as relações existentes entre escolhas de conteúdo. Enquanto tais estudos não estiverem disponíveis, a hipótese é que várias culturas de gosto e públicos coexistem na sociedade, e mesmo compartilham alguns criadores e meios de comunicação. Chamo essa ideia de pluralismo estético".

As dificuldades encontradas por Gans na sua tentativa para formular uma concepção coerente do pluralismo cultural transparecem claramente na tipologia, que propõe, de seis públicos e culturas. Desses tipos, os dois primeiros dizem respeito a características intrínsecas à "alta cultura", que pode ser: 1) "orientada para o criador"; 2) "orientada para o consumidor". Os demais tipos são construídos tomando-se como critério de diferenciação a estratificação social, entendida de modo afim à classificação construída pelo antropólogo W. Lloyd Warner para a sociedade norte-americana. Temos então modalidades de cultura; 3) "superior-média"; 4) "inferior-média"; 5) "inferior"; e 6) "inferior--inferior". Não há, neste ponto, por que examinar a fundo os problemas envolvidos nessa tipologia híbrida. O resultado de tudo isso é a afirmação de que "a cultura popular é deficiente não porque seu conteúdo deixa de satisfazer os requisitos da alta cultura, mas porque não responde adequadamente ao pluralismo estético da sociedade americana. O que se necessita é mais conteúdo, e conteúdo mais diverso, que satisfaça as necessidades e requisitos de todos os públicos de gosto". De qualquer forma, a cultura popular "não é um problema social". As concepções expostas por Gans em forma genérica nesse artigo já estavam presentes numa análise específica sobre a elaboração de filmes que publicara anteriormente. Neste trabalho, examinam-se os elementos condicionantes da produção cinematográfica, sobretudo no tocante ao papel da "imagem de audiência" que orienta o "criador individual". Complementarmente, apresenta-se uma interessante contribuição à análise "institucional da indústria cinematográfica, ao se examinarem os efeitos de disputas internas de poder numa empresa produtora (a MGM) sobre a produção de um filme específico (*The Red Badge of Courage*, de John Houston): "Visto que um filme precisa ter uma ampla audiência para obter êxito comercial, é necessário torná-lo atraente para o maior número de públicos possível, nos limites da elasticidade literária do roteiro. Em consequência, sua criação envolve várias imagens de audiências diferentes. A própria elaboração do filme pode ser encarada como um processo de tomada de decisão. Na medida em que cada criador aplica a sua imagem de audiência nas decisões a serem tomadas, ele 'representa' alguns dos públicos que eventualmente verão o filme. O filme acabado é uma combinação das decisões feitas pelos seus criadores, e também um compromisso e, talvez mais corretamente, uma 'síntese negociada' de suas imagens de audiência individuais. Tal síntese, contudo, se dá no interior de uma estrutura de poder, e as decisões finais frequentemente são tomadas pelos empresários do estúdio, que apontam o compromisso num sentido que pareça assegurar a maior bilheteria [...]. A elaboração de um filme pode ser estudada à semelhança de qualquer outro processo de decisão política [...] e é possível observar como cada criador toma decisões em termos da sua posição na estrutura de poder, de sua imagem de audiência e de seus outros grupos de referência, todos os quais têm implicações para a formação da audiência real". Há um tom persuasivamente realista nessas formulações – de fato, trata-se de uma descrição excelente das bases concretas da produção de cultura em moldes industriais –, mas a força desse texto reside precisamente em que nele não aparece a categoria que depois ocuparia posição central na teorização de Gans: a opção individual dos membros de "públicos de gosto" diferenciados.

Os aspectos básicos da tese pluralista no estudo da cultura em sociedades contemporâneas encontra sua expressão mais sofisticada na obra de Talcott Parsons, em particular no ensaio que, juntamente com Winston White, ele dedicou ao problema dos *mass media* e a estrutura da sociedade americana. Os autores desse trabalho aceitam, como ponto de partida, a crítica feita por Raymond e Alice Bauer à assim chamada "Teoria da Sociedade de Massas". Rejeitam, também, as diversas variantes que apontam da "ideologia intelectual" que está subjacente à visão crítica da "cultura de massa". "Chamam-nas de ideologias – escrevem eles – porque cada qual, à sua maneira, é seletiva no seu tratamento do tema, tendendo a tomar como dados ou a ignorar fatores que precisam ser considerados para uma análise adequada."

Diante disso, e "como uma alternativa para a posição dos intelectuais, queremos sugerir uma linha de análise teórica que procura ajustar o conhecimento obtido sobre os *mass media* (e sobre a 'cultura de massa') àquele disponível acerca de outros aspectos da sociedade, e que interprete tal conhecimento no contexto mais amplo de algumas das características básicas da estrutura social americana e tendências para sua mudança".

Convém assinalar, desde logo, que o "contexto mais amplo" a que se alude aqui é de caráter analítico: o problema consiste em ampliar o esquema teórico mediante a vinculação dos conhecimentos obtidos numa área e aqueles relativos a outras áreas, que se revelem analiticamente pertinentes. "É somente através de tal consideração da gama mais extensa de conhecimentos e do sistema social mais amplo que nos parece ser possível proceder à redução dos perigos, realmente sérios, de seletividade e distorção ideológicas".

Em vista disso, os autores se propõem "sugerir que os problemas envolvidos no campo da comunicação são analiticamente similares àqueles em duas outras áreas: o sistema de mercados econômicos e o sistema de poder e influência políticos. Isso conduz a uma tentativa de enunciado de uma fórmula mais generalizada para os padrões de estrutura social e mudança sociocultural no interior dos quais todas essas três áreas de problemas parecem ajustar-se. A proposição mais geral que resulta disso é que os *mass media* são vistos como um mecanismo que opera num mercado entre os provedores de conteúdo cultural e o público. E, como os Bauer enfatizaram, não se trata do único mecanismo, mas um que opera conjugado com os outros, tais como os relacionamentos dos grupos primários informais. Em tal 'mercado' tanto a oferta quanto a demanda operam sem que uma esteja sempre sujeita à outra".

O foco de análise incide, então, sobre as relações entre os sistemas econômico, político e de comunicação, cuja comparação se torna possível em termos do processo da divisão trabalho, relacionado com a diferenciação das funções no sistema social. Aponta-se que, por essa via, desaparece a "vinculação adscritiva dos 'produtos' aos receptores", na medida em que se criam "graus de liberdade" para o consumidor. Na área econômica isso corresponde à distinção entre o sistema de mercado e a troca direta (o consumidor compra se quiser, quando quiser, o que quiser etc.). Fica claro, desde logo, que aqui se manifesta de novo com toda a clareza a afinidade entre a visão mais sofisticada do pluralismo social e cultural com o esquema de análise funcionalista.

Dessa perspectiva, encara-se o "sistema de comunicação de massa como um sistema diferenciado, no mesmo sentido em que o são os sistemas econômico e político, e como um sistema necessário numa sociedade altamente diferenciada do tipo americano. Ele envolve a mesma ordem de especialização de função entre unidades 'produtoras' e 'consumidoras' e [o que é mais importante] entre diferentes tipos de produtos de comunicação. Também envolve uma relativa concentração de recursos nas mãos dos maiores produtores, embora a questão do grau de monopólio não seja simples. Envolve, evidentemente, a alienação do receptor do controle das fontes de comunicação. Envolve, ainda, mecanismos formais e informais de controle, dos quais os mais importantes são institucionalizados". O importante, nessa perspectiva, é que se atribuem ao "receptor típico" graus de liberdade análogos àqueles dos consumidores econômicos ou dos membros do público político. Reflete-se isso em 1) variedade dos *media*; 2) escolha do conteúdo; 3) liberdade de "custo" (em dinheiro e tempo); 4) liberdade e tempo disponíveis para o receptor.

Sustenta-se, ainda, que as principais premissas interpretativas dos teóricos da cultura de massa podem ser ajustadas à classificação proposta para as tensões presentes no sistema econômico (para as quais há análogo no sistema político e, em ambos os casos, estando presentes os "poderes compensadores"). Por essa via, tais teóricos alegariam: 1) a concentração de fontes na área cultural (o que não levaria em conta, segundo Parsons e White, a variedade disponível); 2) o análogo à deteriorização do produto econômico (que corresponderia ao *kitsch*); 3) o análogo da exploração econômica (que viria a ser a "exploração 'manipuladora' do irracional"); 4) o análogo à inflação econômica (saturação do mercado por itens inferiores, que se exprime na apatia no nível do sistema cultural). Para os autores do ensaio, não há provas de que tais processos ocorram. Conclui-se que os *media* tendem a diferenciar-se, e que a sua diferenciação e especialização tendem a elevar o nível cultural porque aumentam a "capacidade funcional" do sistema de comunicações. A sociedade americana, em suma, não é "atomizada", mas representa um exemplo proeminente de "sociedade pluralista"; portanto, as suas inadequações não podem ser explicadas pela "teoria da sociedade de massas".

Formulada nesse nível, a teorização de Parsons e White dificilmente pode deixar de decepcionar. Seria de se esperar mais de um esforço teórico tão acentuado. Os autores tendem a explorar, na construção do seu modelo de sociedade e cultura pluralista, o lado mais fraco do funcionalismo, ao enfatizarem os requisitos funcionais do sistema abrangente como explicação, senão justificativa, do padrão de ação dos meios de comunicação e das características dos seus produtos. As formulações de Parsons e White nesse artigo não fazem justiça ao grau de refinamento já atingido, quando de sua publicação, pelo esquema analítico de Parsons, no qual se inspiram. Não são, portanto, plenamente representativos do enfoque parsoniano no que tem de mais elaborado; na realidade, seria somente em trabalhos posteriores de Parsons que as implicações propriamente teóricas da sua concepção encontrariam sua expressão mais plena, no domínio que nos interessa. Isso, contudo, não é pertinente a esta etapa do nosso trabalho. É verdade que, no artigo em exame, a simplificação dos problemas beira o grosseiro, pelo seu caráter esquemático; mas é talvez nisso que resida o seu valor para nós, pois as virtualidades negativas da versão parsoniana da análise estrutural-funcional vêm à tona com toda nitidez.

Aqueles que procuram nesse enfoque teórico sinais de uma orientação "conservadora", no sentido mais elementar do termo, encontrarão ali farto material para corroborar seus argumentos. Ressalta, além do mais, a desoladora pobreza da noção de "ideologia" presente no artigo. De qualquer modo, temos novamente, aqui, uma demonstração das afinidades entre a análise estrutural-funcional e a imagem da "sociedade pluralista". Persiste, aqui, a identificação entre participação e consumo no plano cultural, e o tema da ideologia entra para caracterizar uma parcela (crítica) dos estudiosos das manifestações culturais contemporâneas.

Encontramos, neste ponto, matéria para discordância entre a interpretação desenvolvida no presente trabalho e as formulações de um autor que examina de maneira sugestiva os problemas que nos interessam. Trata-se de Alain Touraine, que, na sua proposição de uma "sociologia da ação", centrada sobre as experiências coletivamente vividas pelos "sujeitos históricos" – ou seja, por entidades compreendidas como estruturas de relações sociais que, para além de realizarem as normas que as articulam, são suas criadoras – nas sociedades contemporâneas de tipo industrial, enfatiza a congruência entre a "análise funcionalista" e a noção da "sociedade de massas". Para ele, tal noção corresponde à "perspectiva própria" da análise funcionalista (entendida como aquela que opera sobre estruturas normativas sem propor a questão da "ação que as cria"). Parece-nos que os motivos de uma solução diferente para a questão, no presente trabalho, já tenham sido suficientemente explicitadas. Não é este, de resto, o momento adequado para se tentar uma análise crítica global da intrincada (ainda que sutil e engenhosa) construção de Touraine. Interessa-nos, mais diretamente, as suas formulações acerca do nosso tema específico.

Touraine aceita e usa sistematicamente a noção de "cultura de massa", embora rejeite, através de suas versões corriqueiras, a imagem da sociedade que lhe está subjacente; aquela de "sociedade de massas". Entre essa aceitação e essa rejeição há um descompasso, que requer exame. A recusa da imagem da "sociedade de massas" se faz em nome das críticas já familiares, fundadas em última instância nos trabalhos de Lazarsfeld e demais "redescobridores dos grupos primários". É no nível do fenômeno "cultura de massa" que a análise ganha ímpeto e se torna mais complexa. A "cultura de massa" aparece como manifestação típica das modalidades contemporâneas da "sociedade industrial": aquelas nas quais, inspirando-se em autores como Georges Friedmann e Raymond Aron, Touraine pode apontar que "a técnica deixa de ser somente uma atividade, para converter-se numa situação global a partir do momento em que se introduz a abundância". Admitida a ideia de que, a cada modalidade concreta de "sociedade industrial" corresponde uma manifestação também específica de "cultura de massa", põe-se a questão de um conceito mais abrangente, apto a captar o problema em toda a sua extensão. Tal conceito é o de "civilização industrial". É nesse nível que se justifica a eliminação da noção de "sociedade de massas" e a ênfase sobre a "sociedade industrial"; é a peculiaridade histórica deste segundo tipo societário que está em jogo, na medida em que ele se vincula, no nível civilizatório mais amplo, à "personalização do sujeito histórico e desagregação dos sistemas de projeções culturais". Personalização do sujeito histórico: caímos aqui numa análise centrada no indivíduo concreto, de cunho psicológico portanto? Não, porque para Touraine, o "sujeito histórico" corresponde a uma construção analítica. "O sujeito histórico não é um objeto de estudos empíricos, uma categoria de fatos sociais, mas um instrumento de análise, tal qual a noção de sistema social. Tampouco se pode jamais estabelecer uma correspondência direta entre uma situação do sujeito histórico e uma unidade histórica, época, regime social ou sociedade nacional. Da mesma forma, o sujeito histórico não coincide com o indivíduo. A experiência individual não é, portanto, a expressão do sujeito histórico". Tentando caracterizar melhor essa entidade um tanto obscura, no contexto que nos interessa, Touraine escreve, um ano após a publicação do seu livro sobre sociologia da ação e em resposta a críticas de Jean-Daniel Reynaud e Pierre Bourdieu, em artigo sobre "a razão de ser da sociologia da ação": " [o sujeito histórico] não é o princípio que conduz um ator, o sistema de valores que domina a cultura de uma sociedade: é, numa sociedade industrial, o sentido das relações estabelecidas entre a ação de desenvolvimento [isto é, basicamente o trabalho] e a reivindicação de controle dos instrumentos e dos resultados do desenvolvimento [podendo-se substituir o termo "desenvolvimento" por "criação"]". O essencial disso tudo é que estamos diante de uma entidade que cria (ou rompe) as "regras do jogo" social, em consonância com um "projeto" próprio. Por essa via, ganha sentido a afirmação de que "a *démarche* acionalista jamais conduz às características de um sistema social, mas à posição do sujeito. Mais concretamente, o papel que o conceito de sistema social ocupa na análise funcionalista é ocupado pelo de movimentos sociais na análise acionalista. Por movimento social deve-se entender toda ação que implica o sujeito histórico e este não é senão o ator na medida em que sua ação se refere à dupla exigência de controle e criação".

Em suma, temos aí uma concepção de "sociedade industrial" entendida de modo dinâmico, em termos dos portadores de "projetos" relativos à sua constituição e controle, num entrelaçar-se de movimentos sociais referidos à articulação cada vez mais estreita entre "a participação na produção e a integração no consumo de massa", em todos os seus níveis. Naquilo que mais diretamente nos interessa, temos que "é pela cultura de massa que se constitui verdadeiramente a civilização industrial, é por ela que o meio técnico se torna de modo mais concreto um meio social e que a produção e o consumo, ao se vincularem, consumam a união da atividade econômica ao conjunto da vida social".

A referência à "personalização" concerne, portanto, ao sentido das relações nucleares que definem o sujeito histórico nesse contexto. Isso é analisado em termos de um "retorno ao indivíduo", vinculado a uma "desorganização dos sistemas simbólicos" e a uma "dessocialização da cultura", entendida em termos que aproximam Touraine dos teóricos clássicos da "sociedade de massas": indiferenciação, carência de vínculos sociais, e assim por diante, passando pelo tema de "alienação". O fundamental é que "a desagregação dos sistemas de projeção cultural retira estrutura e forma à cultura. Os valores culturais perdem sua objetividade sagrada". Invoca-se, aqui, o tema weberiano do "desencantamento do mundo". Nas sociedades industriais a legitimidade da ação social repousa sobre "modelos racionalizadores" e nelas "o homem vive num mundo de objetos e de signos, não de princípios e símbolos".

A imprecisão e mesmo ambiguidade das formulações de Touraine – perfeitamente visíveis na sua tendência a operar substantivamente com o equivalente da noção de "sociedade de massas" enquanto a rejeita formalmente – estão em boa medida ligados à sua hesitação entre uma análise fundada em conceitos construídos para além da "vivência" da ação social e o apelo a uma visão que poderíamos designar como existencial dessa mesma ação, entendida como portadora de uma *charge subjectale* somente apreensível mediante uma versão adaptada da tradição de análise compreensiva, herdada de Weber. Muitas de suas formulações básicas, contudo, provêm de outras tendências de pensamento, em especial a de Marx, que transparece por detrás do seu fraseado complexo e por vezes obscuro. Isso o leva a propor questões que, no mais das vezes, escapam aos autores preocupados com os temas aqui tratados; sobrelevam as de estratificação, de relações de classe e de dominação. Tudo isso aparece com mais nitidez na sua análise daquilo que encara como a "nova sociedade emergente", a "sociedade pós-industrial". O termo "pós-industrial" refere-se, aqui, àquelas sociedades que já superaram, ou estão em vias de superar, a etapa histórica da industrialização. O termo é vago, e requer complementação. As mesmas sociedades "serão chamadas de tecnocráticas, se formos designá-las conforme o poder que as domina". Finalmente, se a ênfase estiver na "natureza do seu modo de produção e de organização econômica", o termo o mais adequado entre todos, para Touraine, posto que "indica mais diretamente a natureza do trabalho e da ação econômica", será o de "sociedade programada". Essas designações, combinadas, permitem caracterizar as formas básicas de dominação social neste tipo societário. Temos, nele, a integração social, resultado da imposição, pelo aparelho de produção, de condutas congruentes com seus objetivos e com seu sistema de poder. Em seguida, temos a manipulação cultural (em que entra a análise da situação de lazer, na qual se associam uma homogeneização da massa de bens de consumo – culturais sobretudo – disponíveis e a estratificação das modalidades de seu consumo), que concerne à ação sobre as necessidades e as atitudes fora da esfera de trabalho. Finalmente, o controle propriamente político aparece como resultado do grande peso específico das grandes organizações simultaneamente políticas e econômicas.

O essencial nas teses de Touraine, naquilo que nos interessa, está dado pelas limitações que a sua perspectiva impõe à sua consistência interna, em dois níveis. Por um lado, isso se reflete nos próprios enunciados analíticos, em que a intenção de construir um esquema abrangente de análise esbarra a todo momento na tendência a operar no plano da experiência "vivida" dos agentes sociais, individuais ou coletivos, também no plano cultural. Por outro lado, e em estreita consonância com isso, introduz-se uma ambiguidade básica na própria caracterização do objeto de estudo. As "sociedades industriais" ou "pós-industriais" aparecem simultaneamente como altamente integradas, estruturadas e mesmo programadas, e como "não totalizadas". Vale dizer, a ênfase na dimensão de processo, de movimentos sociais (ou "históricos") relacionados com os descompassos em curso, no plano das decisões coletivas acerca da organização do trabalho, e da disposição dos seus produtos, não permite a Touraine caracterizar os tipos societários com que opera como "totalidades" historicamente específicas, apesar das indicações nesse sentido. A bem da verdade, ressalte-se que essa não é sua intenção; tal tarefa ficaria reservada às análises "funcionalista" e "estruturalista", que considera complementares à "acionalista". Mas, como falar, então, de "sociedade industrial" ou "pós-industrial" enquanto entidades concretas e se propor examiná-las como tal (e não como "tipos ideais", na tradição daquele autor de quem Touraine se aproxima mais do que desejaria, que é Max Weber)?

Touraine se propõe formular as bases para uma teoria alternativa (ou complementar, em relação às existentes) de sociedade, em especial das suas modalidades de tipo industrial. A marca fundamental da sua teorização é, contudo, a ambiguidade. Tenta escapar-se ao imediatamente dado pela experiência "vivida" para em seguida recorrer-se a ele como elemento constitutivo da análise; tenta-se construir uma visão crítica da sociedade e cultura contemporâneas para, no final, exaltar-se a sua dimensão "inovadora", precisamente no plano cultural, e a sua abertura para uma contestação crítica substantiva. "Nada é mais sumário do que uma condenação global da cultura de massa e de seus conteúdos. Trata-se de opor a essa recusa uma atitude crítica, que separe a inovação cultural do controle que pesa sobre ela. Da mesma maneira, se houve no século passado (XIX) atitudes de recusa à industrialização, foi somente a crítica do seu controle social, e portanto de sua utilização, que conduziu à formação de movimentos sociais e de transformações sociais". Temos, aqui, um falso problema, ou, pelo menos, um problema mal-formulado. É fácil argumentar assim, desde que se ponha como premissa que "industrialização" e "formas de controle", enquanto processos históricos, possam ser separados. Há nisso um bom exemplo de como o sociólogo pode ser um mau leitor da história. Touraine hesita entre um "radicalismo", no nível do discurso teórico e das proposições substantivas, e uma visão "ajustada" do seu tema, que é o mundo moderno. Isso se reflete claramente na seleção e uso dos conceitos; e não é por acaso que uma noção como a de "cultura de massa" se intromete na análise, mais do que emerge dela, e que o caminho entre as noções de "sociedade industrial" e "sociedades de massas" seja tão curto na sua análise.

Mais uma vez nos defrontamos com uma situação em que um observador movido por uma visão do seu tempo resignadamente conservadora vai mais fundo do que o radical hesitante. Desta feita, é em Hans Freyer que encontraremos a contrapartida mais coerente (e antecipada) de proposições como as de Touraine. A posição de Freyer na década de 1950 é explicitamente inspirada na de Tocqueville um século antes; e, no confronto, Touraine aparece como algo próximo de uma versão contemporânea de Proudhon.

É nesse contexto que a obra de Freyer, em que se encontra uma redefinição crítica das noções de "massa" e "sociedade de massas", e a tentativa de construir um modelo teórico daquilo que, para outros, seria a "sociedade industrial", merece referência; sobretudo naquilo que diz respeito à elaboração mais consequente de certas virtualidades – as conservadoras, por certo – da linha de pensamento exemplificada por Touraine.

Para Freyer, a sociedade contemporânea é o domínio daquilo que chama de "sistemas secundários", que se constituem a partir das "tendências" implícitas da era de industrialização: as possibilidades de "fabricar objetos", "organizar o trabalho", "civilizar o homem" e "consumar a história". A noção de "sistema secundário" corresponde a um "modelo" teórico, que aponta para uma "lei estrutural" implícita nas linhas de desenvolvimento histórico em curso. O modelo assinala, em sua forma pura, uma modalidade abrangente de estrutura social, da mais fina tessitura: estruturas como essa só podem ser estudadas por uma teoria sociológica que "não trata de fatores, mas sim de vetores".

Os traços básicos de tal modelo referem-se todos àquilo que Weber (que Freyer não cita nesse contexto) chamaria de "racionalização". A ideia é de uma estrutura social construída exclusivamente em termos da sua lógica imanente, sem pressupostos de qualquer ordem, nem mesmo históricos. "Tudo que entra nessa estrutura deve estar previsto em seu plano de construção e posto em movimento pelos impulsos desse plano, e somente podem compor a estrutura elementos assinalados intencionalmente". Trata-se de um sistema construído conforme a lógica mais rigorosa, de sorte que "quem conheça as primeiras proposições pode em grande medida conceber o sistema e, portanto, também transformá-lo". Sua característica formal mais geral é, então, a previsibilidade; isso, traduzido em termos sociais, significa que os homens que o compõem não o fazem como entidades integrais, mas apenas em função de algumas características parciais e abstratas, congruentes com o sistema.

Por essa via, a maleabilidade (puramente lógica) do modelo, antes apontada, dá lugar à ênfase na capacidade, que tais estruturas têm, de adaptarem e absorverem os homens ao ajustá-los às suas exigências próprias. Os "sistemas secundários projetam uma ordem social" que os seus membros componentes "podem realizar e que os ocupa constantemente". O sistema define "regras de jogo" rígidas, que asseguram a adaptação social dos homens e, ademais, suscitam "uma consciência tecnificada", manifestada na adesão esmerada a essas regras próprias ao sistema. Complementarmente, a dimensão "administrativa" é essencial ao sistema: dadas certas forças em curso, impõe-se mantê-las unidas, regulá-las e coordená-las. A administração concerne às coisas e aos homens a ela vinculados; e, nesse passo, a análise se apoia diretamente na concepção weberiana de tipo de dominação racional-legal/burocrático. Ao lado disso, Freyer atribui aos "sistemas secundários" a presença de "ciclos", que ocorrem para além da vontade e consciência dos homens que os compõem e reforçam a exigência básica de adaptação, visto que, nesse universo administrado, não se pode fazer mais do que "tirar proveito da situação". Da ideia de um sistema cíclico, historicamente "descentrado", Freyer retira a sua interpretação do papel do poder no seu interior; trata-se de um poder puramente técnico, voltado para a eficácia e não para a legitimação.

A categoria básica que articula toda a análise de Freyer é a de alienação; e sua obra não é senão a tentativa de caracterizar a modalidade contemporânea desse fenômeno. É por essa via que se chega a um conceito crítico de "massa", fundado naquele de "alienação". O problema tratado é o da "moderna existência em massa" e esta, por sua vez, é caracterizada em contraposição à velha noção de "multidões" que preocupava um LeBon, na medida em que "tem suas bases reais nas leis estruturais do sistema secundário", do qual resulta. "As ordens que somente afetam o homem de modo ocasional e parcial, que o classificam em grupos flutuantes e mutáveis junto com pessoas afetadas da mesma forma, de tal modo que somente o levam em consideração sob certas categorias e números seriados, engendram a massa. Assim, homens subsumidos como força de trabalho sob a lei da empresa, e reduzidos desta forma a uma função inteiramente específica, são massa em um sentido muito definido: são substituíveis, estão conformados segundo tipos". E, mais adiante: "A massa isola o indivíduo; vale dizer, praticamente: deixa-o em paz". No contexto, "deixar em paz" significa o mesmo que liberá-lo da necessidade de fazer opções. Em consonância com isso, as "massas" modernas não têm a espontaneidade outrora atribuída às "multidões". "São atravessadas por linhas de organização como cordas delgadas e firmes: em parte, regras inteiramente formais, como as que regulam as massas no trânsito urbano, em parte, uma firme trama de sustentação como nos regimes totalitários." Sua característica básica não é o movimento caótico, mas, pelo contrário, a adaptação a um mundo administrado. Em suma: "massa é o homem que existe em forma secundária".

A lógica subjacente à análise de Freyer consiste, basicamente, em operar simultaneamente em dois planos: o de um modelo de sociedade construído em alto grau de abstração e aquele da caracterização das condições concretas de existência congruentes com esse modelo. O vínculo entre esses dois distantes polos analíticos está dado pela noção vaga e imprecisa de "alienação", que aqui ostenta plenamente sua compatibilidade com uma visão do mundo de caráter conservador resignado, tal como se manifesta no tom "neutro" e desapaixonado da obra. No essencial, o caráter conservador do pensamento de Freyer está presente no uso desse recurso básico: a combinação entre o nível mais abstrato na caracterização da estrutura social e o nível mais concreto no tratamento da experiência vivida dos sujeitos. É isso que lhe permite realizar uma análise das mais ricas e sutis sem sair do plano da constatação do dado; ou, mais precisamente, somente deixar espaço para uma vaga esperança de "pôr-se à altura da alienação" no plano da pluralidade existencial pessoal ou mesmo no nível das puras virtualidades biológicas, de ordem genética. Em suma, temos aqui um esquema analítico promissor da sociedade e cultura contemporâneas em especial quando se trata do fenômeno "massa" em termos de uma adaptação à dominação fluida e indireta inscrita numa estrutura social administrativamente racionalizada e de base industrial – que desemboca no mais franco irracionalismo.

Como aproveitar as sugestões fecundas de Freyer sem cair no irracionalismo a que leva a sua postura conservadora? A solução mais imediata que ocorre consiste em inverter o sentido da sua lógica de análise, ou seja, concretizar historicamente a estrutura social, por um lado, e afastar-se, mediante procedimentos teóricos adequados, do plano puramente "existencial", pelo outro. Um passo nessa direção é dado por um autor que compartilha de alguns dos instrumentos teóricos de Freyer – em especial o conceito de "alienação" –, mas os utiliza num contexto fundamentalmente diverso. André Gorz analisa, numa de suas obras, aquilo que chama de "modelo de civilização"; mas o associa a um processo histórico definido, numa formação socioeconômica também específica, a saber, a "reprodução ampliada da força de trabalho" na sociedade "neocapitalista". Nesse contexto, a cultura é entendida como a atividade que corresponde a uma "necessidade humana": aumento de "tempo livre", entendido como "tempo (socialmente produtivo) que é objetiva e subjetivamente necessário à produção de indivíduos humanos e de um mundo humano". Trata-se de ver como a "civilização neocapitalista" – que corresponde, no plano cultural, à hegemonia dos grandes aglomerados empresariais, faz frente a essa necessidade. Ela o faz, segundo Gorz, ao erigir "um gigantesco aparelho repressivo: aparelho a serviço [...] da transformação do tempo livre em tempo passivo e vazio, consagrado a divertimentos estéreis, que um terror suave leva cada indivíduo a consumir. Trata-se de desviar a necessidade cultural ao corrompê-la até à consciência que tem de si própria", aviltando, "em nome de uma ética de massa, a criação cultural e seus agentes". Nessa ética, a "cultura de massa é um subproduto da propaganda comercial".

Para Gorz (que, nesse ponto, faz alusão a Marcuse), "esse totalitarismo adocicado da civilização monopolista é tanto uma consequência quanto uma causa. É causa na medida em que a técnica de venda do capitalismo opulento é uma técnica de manipulação e de dominação que visa, deliberadamente, aplicada à vida pública, a arraigar psicologicamente o poder da produção e do comércio a romper as forças que o contestam. É causa na medida em que visa a destruir a comunicação concreta e autônoma dos indivíduos e suas relações humanas, na medida em que visa a ocultar dos agentes da práxis que o universo que produzem é sem dúvida seu produto". O essencial é que "tal mistificação evidentemente só é possível por operar num terreno que lhe é favorável de antemão", uma vez que o progresso que inclui o "desarraigamento da cultura" já se encontra em fase avançada. Tal processo, por seu turno, "tem origem no atraso que as prioridades 'espontâneas' da expansão monopolística impuseram ao nível cultural sobre o nível prático".

Retiradas do seu contexto, essas citações parecem estar afetadas por uma carga "moralista" que comprometeria o seu valor científico. Trata-se, na realidade, da manifestação, nessa área de interesses, do conteúdo político da obra de Gorz, que não se detém no "diagnóstico" de uma situação, mas pretende entendê-la como um todo em relação ao qual se possam definir linhas de ação política transformadoras. Para nós, contudo, interessa mais diretamente o diagnóstico. O essencial é que temos, aqui, uma redefinição básica da análise. Através da caracterização do problema em termos das condições mais amplas de organização e funcionamento de uma formação econômico-social historicamente determinada (na medida em que se deixa de falar em noções genéricas como "sociedade de massas", "pluralista" ou "industrial", e se fala em *neocapitalismo*), os problemas pertinentes à dimensão cultural já não são tomados em termos que privilegiam sem mais a associação entre participação e consumo de bens culturais. É precisamente essa associação que é transcendida através da sua crítica, ao se analisar o processo formador de uma "falsa consciência" que, enquanto modalidade de dominação, está subjacente à aparente identidade entre participação e consumo cultural. Com isso, a atenção se volta para as condições dadas no nível de um sistema abrangente e historicamente definido, de produção simultânea de modalidades de bens culturais e dos seus consumidores.

Como vimos, contudo, o caráter militante da obra de Gorz não permite que ela seja considerada no plano puramente teórico, dado que isso se manifesta em formulações que, a rigor, comprometeriam o alcance e mesmo a validade científica de sua análise. Haja vista as referências, ainda que implícitas, a um caráter intencional da produção de uma "falsa consciência" através de um "sistema repressivo" no nível cultural, na sociedade "neocapitalista". É preciso, pois, dar mais um passo adiante, para ter condições de aproveitar a fundo as potencialidades desse tipo de análise.

Nesse ponto, chegamos ao final da nossa caminhada neste capítulo, na medida em que se abre a possibilidade de introduzir na discussão aquela linha de pensamento que, segundo a entendemos, representa a síntese de tudo aquilo que há de cientificamente relevante nas proposições examinadas antes, acrescida de elementos próprios da maior importância. Trata-se da perspectiva representada pela chamada "Escola de Frankfurt", que se reuniu (até a sua recente dissolução) em torno de Max Horkheimer, e cujo representante máximo, naquilo que concerne ao presente trabalho, é Theodor W. Adorno.

Do ponto de vista de Adorno, a sociedade contemporânea é entendida como "sociedade administrada", e a sua dimensão cultural, longe de ser entendida como "cultura de massa" ou afins, constitui o domínio da "indústria cultural".

A sociedade administrada é aquela em que a esfera administrativa, enquanto modalidade de organização social e sobretudo como forma de dominação, atinge o ápice de realização da sua tendência imanente à expansão para todas as áreas da vida social (tal como Max Weber já havia assinalado, mas de modo congruente com aquilo que Adorno qualifica de "método formal-definidor de sua obra de maturidade"). A administração no mundo contemporâneo já não pode ser entendida como "instituição meticulosamente separada do livre jogo das forças sociais. Na sociedade antagonista as organizações formais necessariamente perseguem objetivos particulares, às custas dos interesses de outros grupos. Isso as obriga ao enrijecimento e à autonomização. Caso se mantivessem abertas para baixo, em relação aos seus membros e às suas exigências imediatas, elas se tornariam ineficazes. Quanto mais solidamente estruturadas, tanto maior é a sua possibilidade de se impor a outras". O essencial dessa expansão é que ela atinge áreas antes não submetidas à administração: entre elas, a da cultura.

Até esse ponto ainda não nos afastamos muito de Weber. O passo decisivo é dado quando se procura explicar a "transformação de aparelhos administrativos na sua acepção antiga [liberal] naqueles do mundo administrado" em termos que não se limitam a apontar a "tendência imanente da administração, como simples forma de dominação, no sentido da expansão e da autonomização". O elemento responsável por isso seria "a expansão das relações de troca pelo conjunto total da existência, em condições de crescente monopolização. O pensamento em termos de equivalentes produz por si próprio uma forma de pensar dotada de afinidades de princípio com a racionalidade administrativa, na medida em que formula o caráter comensurável de todos os objetos, a possibilidade de integrá-los segundo regras abstratas. As diferenças qualitativas entre os domínios, assim como no interior de cada qual, ficam reduzidas, levando à diminuição da sua resistência à administração. Simultaneamente, a crescente concentração suscita unidades de amplitude tal, que os métodos tradicionalistas, 'irracionais', perdem toda a eficácia".

Põe-se, assim, a questão do relacionamento entre administração e cultura, contra o pano de fundo da constatação básica de que, "conforme a tendência global contemporânea, muitas das áreas tradicionalmente atribuídas à cultura se aproximam da produção material". Do ponto de vista mais geral, impõe-se uma distinção de princípio entre cultura e administração. "A cultura é a reivindicação perene do particular contra o geral [...]. A administração, por seu turno, representa necessariamente, sem culpa subjetiva e sem vontade individual, o geral oposto a todo particular". Segue-se que "a exigência da administração em relação à cultura é essencialmente heterônomica; ela precisa medir o cultural, seja qual for, segundo normas que não lhe são inerentes, que nada têm a ver com a qualidade do objeto. A cultura é medida conforme padrões abstratamente trazidos do seu exterior, enquanto que o administrador é levado pelas suas próprias exigências e conformação a recusar-se, no mais das vezes, a levar em conta questões relativas à qualidade imanente, à verdade e, finalmente, à racionalidade objetiva do objeto [cultural]". A absorção administrativa da esfera cultural, e a concomitante neutralização da dimensão concretamente crítica que antes se lhe atribuía – restando apenas o resíduo pervertido das "mercadorias calculadas para o mercado da indústria cultural" –, não pode ser encarada, em seus efeitos, como resultado da ação insensata dos *managers*. "No mundo administrado os *managers* são tão bodes expiatórios quanto os burocratas; a transferência de conexões funcionais e de responsabilidade objetivas para pessoas também faz parte da ideologia dominante."

Em trabalho publicado pouco antes da sua morte, numa fala presidencial no congresso da Sociedade Alemã de Sociologia sobre "capitalismo tardio ou sociedade industrial", Adorno desenvolve e torna mais explícita a sua caracterização da sociedade contemporânea e das suas implicações no plano cultural. Aqui, já não se faz referência explícita à noção de "sociedade administrada", embora a análise seja congruente em relação às anteriores, permitindo assim a plena explicitação do sentido do termo. Isso decorre da mudança de ênfase, condicionada pela própria natureza do tema (o exame das características globais da sociedade capitalista contemporânea) e, por essa via, da circunstância de que, desta feita, o ponto de partida da análise já não é dado por formulações de Max Weber, mas sim de Karl Marx. Nesse sentido, o papel antes reservado à concepção weberiana de expansão da racionalização pelas diversas esferas da existência humana (que constituíra o ponto de partida formal da análise da "sociedade administrada", a ser transcendido e incorporado criticamente) passa a pertencer (agora já de modo substantivo) à concepção marxista de fetichismo da mercadoria e às noções correlatas, de "falsa consciência" e "ideologia".

Na sua concepção mais abrangente, sustenta Adorno, a sociedade contemporânea deve ser entendida como uma sociedade industrial do ponto de vista das suas forças produtivas, e como capitalista do ponto de vista das suas relações de produção. O trabalho industrial, que constitui o paradigma dessa sociedade, "converte-se em totalidade na medida em que modos de operar que se assemelham ao industrial se expandem, conforme imperativos econômicos, para os domínios da produção material, da administração, da distribuição e para aquela esfera que se intitula cultura". Quanto às relações de produção capitalistas, elas se manifestam pela total incorporação no nível societário da lógica da produção fabril e, de modo mais geral, porque "hoje como outrora se produz em função do lucro". Para além de tudo que se manifestava no capitalismo novecentista, essas duas dimensões – as forças produtivas e as relações de produção – se interpenetram para formar um todo fechado. Tome-se o caso das necessidades humanas: elas se converteram "plenamente em funções do aparelho produtivo", e "são dirigidas de modo total", no reino consumado do valor de troca. "As necessidades não somente são satisfeitas de modo indireto, em termos de valor de troca, como são engendradas pelo interesse de lucro em setores economicamente relevantes."

A concretização mais direta daquilo que se poderia entender como o conteúdo profundo da noção de "sociedade administrada" se faz no mesmo espírito. "A configuração atual da aparência socialmente necessária consiste em que as forças produtivas e as relações de produção formam hoje uma unidade, de tal sorte que se possa construir sem mais a sociedade a partir das forças produtivas. Tal aparência é socialmente necessária porque momentos do processo societário que anteriormente estavam separados, incluídos os seres humanos, são reduzidos a algo como um denominador comum. A produção material, a distribuição, o consumo, são objeto de uma administração comum. Diluem-se os seus limites, que outrora separavam as esferas, e com isso asseguravam as diferenças qualitativas, ainda que todas elas adquirissem sentido no interior do processo global. A totalidade dos processos mediadores – do princípio da troca, na realidade – produz um segundo imediato ilusório."

Nessas condições, também a esfera cultural pode, e deve, ser analisada em consonância com as tendências abrangentes do sistema produtivo. Também ela está submetida ao processo geral, no sentido de se articularem suas diversas áreas num sistema fechado, regido pela lógica da estrutura maior. Não há, nesse contexto, como falar em "cultura de massa" ou afins. A noção que se impõe é a de *indústria cultural*, num contexto de concentração econômica e administrativa.

Nas suas formulações, Adorno vai muito mais longe e mais fundo do que os autores envolvidos nas polêmicas corriqueiras sobre o tema, e consegue superar amplamente as ambiguidades de um Touraine, o irracionalismo de um Freyer ou mesmo a ênfase mais militante do que analítica de um Gorz, ao construir um modelo de análise no qual todas as contribuições válidas desses diversos autores podem ser incorporadas de modo articulado.

O essencial, contudo, são as implicações teóricas e metodológicas da sua ênfase no auge contemporâneo do capitalismo como o aparente "universo das mercadorias" e nos temas correlatos, da "falsa consciência" e da "ideologia". ("O fetichismo da mercadoria – escreve ele em outra parte – não é um fato da consciência, mas é produtor da consciência".)

Por essa via, a ótica da análise tende a se deslocar para o nível dos produtos da indústria cultural. Estes são tomados como mercadorias que, enquanto articuladas num sistema, conforme uma lógica específica – precisamente a da indústria cultural –, engendra modalidades também específicas de ideologia. Isso nos conduz aos problemas mais específicos, que se impõem na sequência.

6
Teoria e ideologia

Uma característica básica da análise radical (no sentido preciso do termo: que vai às raízes) da relação entre sociedade e cultura no mundo contemporâneo consiste na ênfase sobre o aspecto altamente estruturado tanto da formação societária em questão quanto da sua esfera cultural; e, em consonância com isso no seu caráter estruturador de formas definidas de consciência social. Ideias como a da autonomia ampliada dos consumidores – tal como aparecem nas formulações já examinadas de autores como Shils e Parsons – ou mesmo a crítica tradicional, no sentido precisamente oposto, de que a sociedade e a cultura contemporâneas são desestruturadas e desestruturadoras – representadas por autores resolutamente conservadores como Freyer, ou por um analista ambíguo como Touraine – são amplamente superadas por essa via.

Isso tem implicações diretas no tocante à caracterização do tipo de sociedade subjacente às modalidades contemporâneas de cultura. A crítica radical permite ir além da simples (mas fundamental) demonstração de que a ideia de massa não é pertinente à caracterização científica da realidade social. Basta lembrar as formulações de um Raymond Williams ou de um André Gorz e, sobretudo, a ênfase de Adorno na ideia de massa como um produto social, que remete a um modo de dominação: "As massas não são a medida, mas a ideologia da indústria cultural". É que ela permite introduzir na análise a grande categoria oculta na maior parte dos tratamentos do tema, que é a de classe.

Na literatura sociológica, no contexto que nos interessa, o tratamento do problema de classe social tende a se concentrar sobre o exame de estilos de vida de agregados que se diferenciam em termos da autoidentificação dos seus membros numa escala de estratificação, ou então são estratificados objetivamente mediante o uso de índices de *status* socioeconômico. Tais estudos tendem, ademais, a operar com noções como "sociedade industrial" ou "de massas", concentrando-se no exame das condições e uso do lazer. O resultado é que predominam as interpretações do problema das relações entre consumo de bens culturais e estrutura social em termos que conduzem, ainda que por vias indiretas e às vezes mesmo com relutância, a uma caracterização que corresponde, no essencial, à ideia da conversão de classes em massas. Constata-se a homogeneização de estilos de vida, em especial no uso do lazer, e, no limite, se constrói a imagem de uma sociedade tendencialmente dividida entre uma pequena "elite empresarial" e uma vasta massa de assalariados que, fora do trabalho, oscila entre a retração social, política e cultural para a área dos pequenos grupos primários ou a agressividade incontrolável e sem sentido.

A dificuldade intrínseca a análises desse tipo consiste em que elas não têm condições para explorar em profundidade as potencialidades teóricas da noção de classe, no contexto que nos interessa. É que elas levam a concentrar a atenção no fenômeno "classe" – definido em termos de uma escala de estratificação – simplesmente como uma modalidade específica de consumidores de bens culturais, vinculados entre si mais por estilos de vida, sobretudo na relação trabalho/lazer, do que em termos de posições coletivas diferenciais numa estrutura abrangente que defina suas modalidades possíveis de ação e de consciência social. Ao se operar nesses termos, torna-se difícil não recair na caracterização das experiências vividas dos indivíduos que compõem as classes e, por essa via, dissolver essa noção na de massas. O essencial, contudo, é que a utilização do conceito de classe social na análise da comunicação e da cultura em sociedades complexas pode, e deve, ir além da sua redução a categorias que, implicitamente pelo menos, concernem à participação individual na esfera da distribuição de bens culturais; no mercado, em suma.

Isso é feito na medida em que as categorias ordenadoras da análise digam respeito à esfera da *produção*, também na área cultural. Nesse contexto, as classes sociais aparecem como categorias estruturais básicas de sociedades historicamente definidas, e sua articulação também é pensada em termos das suas vinculações diferenciais no processo produtivo global. O importante, aqui, é que a relação direta entre os membros de diversas classes e os produtos culturais a que têm acesso (que, em sociedades de tipo capitalista, às quais restringiremos nossas considerações, se definem como mercadorias) no nível do consumo aparece como incapaz de explicar as modalidades de comunicação e cultura dominantes na sociedade abrangente. Passam a ser entendidas, dessa forma, como a manifestação mais externa de seus condicionantes estruturais globais que operam para além do plano da consciência individual. As opiniões, verbalizações de preferências e, de modo geral, as atitudes passam a ser entendidas como incapazes de dar apoio direto a análises que as *expliquem*, ao invés de simplesmente as relacionarem sistematicamente entre si enquanto dados empíricos fundamentais.

Por essa via, retomamos a orientação anterior, associada à figura de Adorno, cuja inspiração marxista é clara. O essencial, nesse contexto, é que a análise, tanto da dimensão social quanto da cultural, se articula em torno das condições específicas de uma sociedade centrada na produção de mercadorias e, por essa via, toma-se a própria mercadoria como ponto de partida. Veremos, mais adiante, o que isso significa para o nosso tema. A premissa, conforme a inspiração dessa análise, é a de que a mercadoria representa, por detrás de sua aparência de coisa fungível, uma determinada constelação de relações sociais que remete a uma forma determinada de dominação (e aí entram as classes como elemento fundamental). Aplicando-se esse raciocínio à área dos produtos culturais, temos a consequência, de fundamental importância, de que a experiência imediata do consumo desses bens não tem valor explicativo, uma vez que corresponde à incorporação pelos sujeitos dos resultados cristalizados de um conjunto de relações sociais, que precisamente estão ocultas pelo caráter mercantil desses bens.

Põem-se, nesse ponto, as questões complementares da "falsa consciência" e da "ideologia" no plano mesmo do consumo de bens culturais, de modo análogo àquele em que se demonstra que a noção de "massa" pode ser entendida como resultante da "falsa consciência" que os membros de uma sociedade mercantilizada têm do caráter real da sua participação nela. Nessa linha de raciocínio, as melhores formulações ainda são de Lukács. E é ele quem sugere que a "pulverização dos indivíduos em atos isolados de troca de mercadorias" cria a "aparência de isolamento e da atomização". Em consequência, a "atomização do indivíduo não passa do reflexo, na consciência, do fato de que as leis naturais da produção capitalista abrangeram a totalidade das manifestações vitais da sociedade e que toda a sociedade está submetida (ou tende a sê-lo) a um processo econômico que forma uma unidade, que o destino de todos os membros da sociedade é movido por leis que formam uma unidade". É fácil reconhecer, aqui, a caracterização crítica das condições aparentes (atomização, isolamento) que informam a noção usual de massa. Vale dizer que essa noção assume as aparências que o fenômeno reveste na consciência imediata dos sujeitos e se propõe ser científica nesse nível. Põe-se aqui de imediato, para além da noção de falsa consciência dos sujeitos, aquela da sua incorporação direta no plano conceitual e, por essa via, do caráter ideológico da noção correspondente.

Isso nos conduz diretamente a um exame mais detido daquilo que devemos entender por ideologia. Até aqui viemos operando com uma concepção bem pouco elaborada do tema, ao aplicarmos à análise crítica de noções como público, elite e massa algumas premissas genéricas da Sociologia do Conhecimento. Nossa argumentação se orientava basicamente no sentido de demonstrar como noções cuja "vinculação existencial" (para usar provisoriamente um termo de Mannheim) a determinados grupos sociais historicamente definidos era nítida e haviam, no entanto, sido incorporadas sem maior crítica pelo repertório conceitual das ciências sociais contemporâneas, a título de conceitos genéricos e "neutros". É tempo de tentar aprofundar o exame do tema.

A proposição geral do nosso problema nos conduz a discutir a questão da ideologia em dois planos, vinculados entre si (embora o caráter desse vínculo constitua uma das questões teóricas mais espinhosas das ciências sociais): aquele diretamente referente ao objeto de uma análise sociológica e o concernente aos conceitos usados na sua análise. Em outras palavras, interessam-nos as manifestações concretas de ideologia e a presença do mesmo fenômeno no nível dos enunciados teóricos que se propõem explicá-las.

Naquilo que concerne à ideologia como fenômeno social específico, estamos no domínio da Sociologia do Conhecimento. O ponto de partida inevitável é dado por Mannheim na sua tentativa de distinguir entre uma "sociologia do conhecimento" e a velha "teoria da ideologia". Isso, na medida em que a primeira trataria da concepção "total" da ideologia, em termos da sua vinculação histórica e social, ao passo que à segunda ficaria reservada a área menor da sua concepção "particular", referente aos enunciados que refletem interesses grupais localizados, e cuja falsidade, ainda que não consciente, "se localizaria no plano psicológico e guardaria semelhança estrutural com a mentira".

O insucesso de Mannheim na sua tentativa de construir uma "concepção não avaliativa da ideologia" é amplamente reconhecido, e isso nos poupa de tentar acrescentar mais um aos numerosos exames críticos que lhe foram dirigidos. Na realidade, o que resultou de mais geral da sua obra consiste naquilo que o antropólogo Clifford Geertz, ao estudar a ideologia como "sistema simbólico", chamaria de "Paradoxo de Mannheim", referindo-se à tendência, imanente às próprias premissas do seu raciocínio, no sentido de cair num relativismo radical, mal oculto pela capa verbal "relacionismo". Por essa via, e à semelhança do Paradoxo de Zenão acerca de Aquiles e da tartaruga, Mannheim teria construído um problema (justamente aquele que debalde tentou resolver) que comprometeria os próprios fundamentos do conhecimento racional (da sociedade, no caso).

A crítica fundamental a Mannheim, no contexto que nos interessa, é contudo aquela que aponta as implicações do modo pelo qual ele concebe a raiz histórico-social das ideologias. É aqui que o seu "paradoxo" ganha formas concretas. Consiste tal crítica em demonstrar que o pensamento mannheimiano o leva a uma posição em que "a compreensão da história não seria história em si mesma". O argumento é o seguinte: "Insistindo na ideia de que a influência do real sobre as ideologias é mais negativa do que positiva; que o real não fabrica as ideologias e sim limita o campo de uma visão que, de direito, seria perfeita, Mannheim sugere que a relação das ideologias com o tempo e com a história é apenas acidental. A cada instante, nossa visão de fato do mundo histórico seria impedida, pela própria situação, de compreender integralmente a história. A compreensão da história não seria, portanto, histórica em si mesma. Seria a obra de um sujeito transcendental que, como o sujeito kantiano, se encontraria, em princípio, fora do tempo, e só seria vítima, dada sua inserção marginal no tempo, de um obscurecimento de sua visão. O tempo e a história não colaborariam positivamente para sua própria elucidação; em relação ao conhecimento, seriam fatores de desordem, e o ideal seria que deles nos pudéssemos libertar. É o que procura, justamente, o meio intelectual, a classe que não é uma classe". Temos, aqui, a demonstração daquilo que poderíamos chamar de dimensão positivista não intencional no pensamento de Mannheim, ao mesmo tempo em que se assinala como o historicismo mannheimiano desemboca, afinal, numa reflexão radicalmente não histórica (não será esse o destino de todo historicismo?). Demais, essa crítica permite perceber com nitidez que os dois planos do estudo da ideologia antes referido – o "substantivo" e o "analítico" ou, numa formulação mais ambiciosa, o "sociológico" e o "epistemológico" – não podem ser separados no tratamento do tema.

Aquilo que em Mannheim aparece como sua dimensão positivista forma o substrato das elaborações extremamente empobrecidas sobre o problema da ideologia encontradiças na orientação dominante na sociologia contemporânea. Assim, o tradutor de *Ideologia e utopia* para o inglês, Edward Shils, define o conceito em termos que praticamente o reduzem à descrição de um modelo peculiar de atitudes, sobretudo no campo político. Para ele, "a ideologia é uma modalidade particular de modelos de opinião e de normas de julgamento de caráter moral e cognitivo, compartilhadas por uma pluralidade de pessoas numa sociedade. São logicamente consistentes, reforçados – pela intensidade afetiva, abrangente – no alcance das suas fontes de referência e irrefutáveis em termos das suas pretensões, em relação às quais exigem o respeito dos seus aderentes. Embora o conceito frequentemente seja aplicado a qualquer padrão de opinião compartilhado por um coletivo ou parte dele, há bons motivos para vinculá-lo a um padrão de opinião que se oponha de forma dissensual aos modelos de normas e crenças geralmente compartilhados. A contrapartida social da ideologia, seu portador, é um grupo primário ideológico cujos membros são unidos pela adesão de todos a um sistema ideológico de crenças comum". No mesmo texto, Shils chega a falar em "estrutura da personalidade ideológica", o que marca a dissolução plena do conceito. Na realidade, a fonte diretamente inspiradora de Shils, nessas formulações, é Talcott Parsons, que, no início da segunda metade do século passado, definia "ideologia" em termos praticamente idênticos a esses, enquanto "sistemas de crenças" (*belief-systems*) coletivamente compartilhados e orientados para a "integração avaliativa" da coletividade a que se aplicam, na medida em que desempenham papel importante na "legitimação cognitiva de padrões de orientação valorativa", ao "racionalizarem as seleções valorativas feitas".

Nessa versão radicalmente funcionalista do problema, a sua dimensão crítica (ainda que apenas expressa na recusa do valor absoluto das ideologias) tal como ainda aparece nas formulações de Mannheim enquanto justificativa mesma de análise é totalmente eliminada. A ideologia é sumariamente aceita como um elemento da manutenção de um conjunto social dado. Por essa via, ela simplesmente se confunde com a realidade social, ou, mais precisamente, com um dos seus aspectos. A análise da ideologia se converte na caracterização das condições de legitimação de uma ordem social dada, cuja integração constitui mais propriamente o problema, do qual ela aparece como parte da solução. Por isso mesmo se torna possível concentrar a atenção, como Parsons faz nesse texto, sobre a "institucionalização da ideologia". Em suma, a ideologia não é tomada como inerentemente problemática, mas é assumida na própria análise. "Dificilmente se poderia encontrar paródia mais melancólica da velha frase de que o real é racional e o racional é real."

No capítulo anterior, entretanto, já foi feita referência a outro texto de Parsons, em colaboração com Winston White, sobre os *media* e a estrutura da sociedade norte-americana, no qual aparece o problema da ideologia. Encontramos, nesse trabalho e em outros da mesma época, a contrapartida dessas formulações de Parsons no plano de uma elaboração teórica mais ampla. Neles, o pensamento ideológico é apresentado como inadequadamente seletivo, como visão distorcida da realidade, que leva a criticá-la sem fundamento. Em suma, contrapõe-se à reflexão científica que, nessa linha de raciocínio, apreende "adequadamente" a realidade, ou seja, a reproduz tal como ela se apresenta nas suas conexões dadas. É por essa via que ganha sentido o enunciado de Shils acerca do caráter dissensual da ideologia. É que, aqui, o problema subjacente não é o do caráter consciente ou não da ideologia, nem o da função que ela representa, mas sim a sua contraposição à objetividade científica.

Nessas condições, Parsons sente-se à vontade para propor como "critério essencial" para a identificação do pensamento ideológico os "desvios da objetividade científica", de sorte que "o problema da ideologia surge onde há uma discrepância entre aquilo que se crê e o que tem fundamentos científicos corretos". O pensamento (seria mais adequado dizer: o conjunto de atitudes) ideológico é o atributo de grupos sociais particulares e, em relação a cada um deles, persiste o seu caráter "funcional" (integrador). Mas, a admissão da multiplicidade de formas ideológicas no interior da sociedade abrangente é incompatível com a ideia da funcionalidade de todas em relação ao sistema maior. O entrechoque de "sistemas de crenças" particulares compromete o consenso global. A solução para o problema já está dada de antemão, no entanto: consiste em enfatizar a identidade entre ideologia e sistemas de crenças. Por essa via, e mediante o uso de um critério primário de objetividade científica (a reprodução sem distorções da realidade dada; no caso, da sociedade abrangente) passa-se para o plano de uma "crítica da ideologia" no nível do conhecimento. São ideológicos os enunciados que refletem crenças grupais, incompatíveis com a análise científica global de uma sociedade. Persiste, é verdade, um elemento perturbador: é que, aqui, não se confrontam duas formas distintas de conhecimento, mas sim o não conhecimento constituído em sistema (os *belief-systems*) e o conhecimento científico. No vazio entre essas duas categorias há espaço suficiente para abrigar toda sorte de soluções *ad hoc* para o tema. (Um excelente exemplo das confusões conceituais a que conduz o uso sistemático dessa concepção de ideologia é dado por artigo de Philip Converse sobre "a natureza de sistemas de crenças em públicos de massa", no qual se misturam indiscriminadamente as noções de elite, público, massa e classe, tudo isso articulado pela busca da ideologia no plano das atitudes. No final, acaba-se privilegiando, não por acaso, as noções de elite e massa.)

Nesse mesmo espaço vazio se instala também o paradoxo final resultante desse modo de conceber o problema. A combinação entre a perspectiva funcionalista da questão da ideologia, no plano substantivo, com a oposição ideologia-ciência, no plano do conhecimento, dá alento à tese do "fim da ideologia" nas "sociedades industriais" avançadas, na medida em que se sugere que formas de pensamento e ação instrumentais a curto prazo e "neutras" se vão impondo no plano social em todas as suas dimensões. À ciência fica reservado um papel importante nessa tarefa de expulsão da ideologia da vida pública. Conforme comenta, em tom preocupado, Lipset: "Às controvérsias acerca da criatividade cultural e do conformismo refletem a tendência geral no sentido do afastamento da ideologia em direção à Sociologia. O próprio crescimento da Sociologia enquanto força intelectual fora do mundo acadêmico em muitas nações ocidentais é um tributo, não propriamente ao poder da análise sociológica, mas à perda de interesse na discussão política".

A inspiração positivista dessa linha de pensamento é clara até mesmo na sua versão tardia da perspectiva "iluminista". "O ponto de vista de Parsons – comenta Geertz – segundo o qual a ideologia é definida por suas deficiências cognitivas em relação à ciência, talvez não esteja tão distante como parece da visão comteana da religião, como caracterizada por uma concepção acriticamente figurativa da realidade, que logo seria tornada obsoleta por uma sóbria sociologia, imune à metáfora". No entanto, "talvez tenhamos que esperar tanto pelo 'fim da ideologia' quanto os positivistas esperaram pelo fim da religião". Há bons motivos para crer que Geertz poderia ter levado adiante sua analogia e assinalado que, assim como a sociologia positivista de Comte mergulhou num sistema de religião secularizada, também a sociologia de Parsons anuncia o fim da ideologia ao institucionalizá-la.

Uma solução mais consequente para o problema da ideologia, conforme a linha de pensamento de inspiração positivista, é formulada quando se concentra toda a análise sobre o plano cognitivo. Por esse caminho, chega-se a uma concepção de ideologia em que ela é contraposta ao conhecimento científico, na qualidade de "parateoria". Um expoente desse ponto de vista foi o sociólogo alemão Theodor Geiger, que absorveu os desenvolvimentos do neopositivismo nos países escandinavos durante a sua atividade na Dinamarca, onde se exilara do nazismo. Para Geiger, o tratamento da ideologia só tem sentido nos quadros da crítica do conhecimento. Rejeitam-se assim, desde logo, as proposições mannheimianas sobre a extensão do conceito a uma sociologia do conhecimento, preocupada com a identificação das raízes sociais de todas as modalidades da atividade intelectual. As proposições básicas de Geiger são que a ideologia consiste em "pensamento errôneo" e que o "erro, o ideológico, reside na não correspondência com a realidade objetiva racional do conhecimento".

Encarada a questão dessa perspectiva, rejeita-se o modelo da "vinculação existencial do pensamento", proposto por Mannheim, mesmo porque "somente um enunciado cognitivo pode ser 'errôneo' em relação à realidade, mas não a obra de arte, por exemplo". No que consiste, afinal, a realidade do conhecimento? Na "totalidade dos fenômenos espaciais-temporais. Conhecer essa realidade significa: formular asserções acerca dos seus fenômenos, que possam ser verificadas ou falseadas pela observação e dedução. Dizemos que tais asserções são proposições teóricas". As proposições ideológicas, por seu turno, se caracterizam por incorporarem "fatores ateóricos". Tome-se um julgamento de valor: nele encontramos o exemplo de "uma sentença que se propõe ser teórica, mas que não passa de objetivação da relação de base sentimental entre o locutor e o objeto do enunciado. Por essa via um estado de coisas ateórico é teorizado".

Chegamos, aqui, à concepção geral da ideologia proposta por Geiger. "Toda ideologia repousa na teorização e objetivação de uma relação sentimental primária existente entre o locutor e seu objeto. A ideologia é, assim, teoria ilegítima, pseudoteórica. É um ateórico supostamente teórico. O conceito de ideologia vincula-se ao de teoria. A ideologia é um fenômeno que somente pode surgir no domínio do pensamento teórico e, nesse sentido, é um fenômeno teórico. No entanto, a ideologia somente designa os componentes estranhos à teoria de um curso de ideias supostamente teórico. Pode-se, portanto, designar a ideologia por um termo técnico como fenômeno parateórico."

Por outro lado o pensamento puramente teórico deve ser distinguido do pensamento "pragmático", que envolve uma "perspectiva de participação interessada" do observador. "O pensamento pragmático está ameaçado de ideologia por definição." Resta a questão da própria possibilidade do conhecimento não ideológico (teórico, portanto) das "facetas existencialmente essenciais de realidades". Tal possibilidade é assegurada pela "autoanálise existencial". É ao se autoexaminar, em termos de análise da sua situação, que o observador pode se "emancipar" da ideologia, na medida em que se consegue seja a "despragmatização" do pensamento, seja a demarcação clara dos limites entre o conhecimento puramente teórico e o pragmático, ameaçado de ideologia.

Na base das formulações de Geiger está uma teoria empirista do significado, do tipo daquela exposta por uma das figuras centrais das modernas correntes neopositivistas. O conteúdo cognitivo de um enunciado, diz Hans Reichenbach, é uma propriedade dos signos, e uma sentença "verdadeira" consiste numa combinação de signos "que corresponde a estados de coisas do mundo físico". Em consonância com isso, "quando uma combinação de signos é tal que sua verdade ou falsidade pode ser demonstrada, se diz que ela tem significado". Nesse nível temos aquilo que, para Geiger, é a teoria. Ocorre que, na análise de Geiger, a dimensão "pragmática" de enunciados (em contraposição à "teórica") reintroduz os determinantes "não lógicos" do conhecimento e da ação. A solução para o problema, dessa perspectiva, consiste em definir tais determinantes como "interesses", e as asserções correspondentes como "juízos de valor". Com isso, transfere-se a questão para o plano do indivíduo enquanto sujeito racional do conhecimento. A contrapartida disso consiste em supor que a situação social do indivíduo lhe é, em princípio, transparente; segue-se que, se os seus enunciados são "parateóricos", é porque ele não soube operar a "autoanálise existencial" que lhe permitiria sair do domínio ideológico.

Essa solução, que transfere toda a responsabilidade pela verdade dos enunciados para o indivíduo que os exprime, constitui um óbvio recuo para aquém de Mannheim e de toda a Sociologia do Conhecimento tradicional; não permite, portanto, superar as suas limitações. O problema da "vinculação existencial do conhecimento" é rejeitado na sua versão mannheimiana, para depois reaparecer desfigurado, à guisa de um mero fator que exige a vigilância racional individual. O mais grave, contudo, é que essa concepção da ideologia, de fundo empirista, que toma como critério do conhecimento científico a verificabilidade dos enunciados, não ministra elementos para se discernir um possível caráter ideológico das próprias noções neles presentes. Tome-se o caso do artigo de Converse, antes citado. A sua proposição básica, de que os "sistemas de crenças" ostentam uma coesão entre as atitudes que os compõem, e o seu corolário, segundo o qual, dado um certo número de atitudes num desses sistemas, é possível prever a presença de determinadas outras, são perfeitamente verificáveis empiricamente. Será isso suficiente para assegurar o seu caráter não ideológico, ou seja, teórico? Não parece, salvo se for provado que a noção de sistema de crenças tem estatuto teórico; e para isso a posição empirista não fornece critérios.

Quanto à questão da transferência do problema da validade científica (no sentido de objetividade) para o plano do "observador" individual, até mesmo um arquiadversário da sociologia do conhecimento como Karl Popper vê claramente que a sua solução não pode ser procurada por essa via. "A objetividade se acha intimamente ligada ao aspecto social do método científico, ao fato de que a ciência e a objetividade científica não resultam (nem podem resultar) dos esforços de um homem de ciência individual por ser objetivo, mas da cooperação de muitos homens de ciência. Pode-se definir a objetividade científica como a intersubjetividade do método científico. Mas esse aspecto social da ciência é quase inteiramente negligenciado por aqueles que se denominam sociólogos do conhecimento", afirma Popper no seu livro sobre "a sociedade democrática e seus inimigos".

A última frase dessa citação é um tanto temerária nesse contexto. Na realidade, Popper retira o problema da objetividade da órbita individual para transferi-lo para o campo da "intersubjetividade" da comunidade científica. Estamos ainda perigosamente perto de ideias da "inteligência socialmente desvinculada", de Mannheim. Nas ciências sociais, pelo menos, isso suscita de imediato o problema da objetividade – ou, mais precisamente, no nosso caso, do caráter não ideológico – do consenso a que pode chegar essa comunidade científica. Põe-se a questão sobre se esse consenso entre cientistas não poderia ser encarado como refletindo mais propriamente "o seu acordo acerca da maneira e do método de ver a realidade e não a realidade mesma", na precisa frase de John Horton ao discutir a "desumanização da alienação e da anomia".

Antes de tratarmos melhor desse aspecto, contudo, importa não passar por alto a importância da crítica de Popper ao empirismo de base indutiva, ao sugerir que o critério de "demarcação" entre "ciência e pseudociência" não pode ser dado pela indução, pois esta, a rigor, é um "mito". É da maior relevância a ênfase de Popper no sentido de que a atividade científica opera diretamente com "conjecturas" (hipóteses) formuladas no plano de um repertório teórico prévio e que seu caráter científico é dado por serem "falsificáveis" e não simplesmente por serem "verificáveis". Desse modo, o recurso à observação empírica (base da indução) tem sua função reduzida a elemento de teste de tais hipóteses. O essencial, no caso, é a atitude crítica envolvida na atividade do conhecimento (crítica que, convém salientar, opera exclusivamente no plano do próprio conhecimento, enquanto componente fundamental do método científico). Definindo o que chama de "atitude crítica", Popper comenta, ao analisar o crescimento do conhecimento científico no seu livro *Conjectures and Refutations*, que ela "requer como matéria-prima, por assim dizer, teorias ou crenças sustentadas mais ou menos dogmaticamente. Assim, a ciência precisa começar com mitos e pela crítica de mitos; nem com a coleta de observações, nem com a invenção de experimentos, mas com a discussão crítica de mitos e de técnicas e de práticas mágicas. A tradição científica distingue-se da pré-científica por ter dois níveis. Tal como essa, ela passa adiante suas teorias; mas ela também transmite uma atitude crítica em relação a elas. As teorias são transmitidas, não como dogmas, mas sim com o desafio para discuti-las e melhorá-las".

Estamos, agora, em condições de aprofundar o exame da concepção de "objetividade" de Popper, já sugerido antes. A sua recusa do empirismo em nome de uma atividade científica localizada no plano teórico e inerentemente crítica envolve um indubitável avanço em relação à perspectiva representada por Geiger. No entanto, é precisamente na área que nos interessa que suas formulações são mais pobres, e há bons motivos para presumir que isso resulte da sua repulsa de qualquer forma de sociologia do conhecimento, em nome da sua notória aversão ao "historicismo". Tal debilidade se manifesta, no texto acima, pelo uso de dois termos que, no nosso contexto, assumem importância nuclear. São eles: "dogmático" e "mito". Falar em "dogmatismo" implica supor uma adesão consciente a formas "fechadas" de pensamento; e, no mesmo texto, o "mito" aparece como a cristalização desse pensamento dogmático. O avanço no domínio que nos interessa se revela menor do que seria de se esperar dadas as premissas mais amplas de Popper: ainda estamos em plena reflexão iluminista tardia, em que à ciência cabe a tarefa de destruir os preconceitos arraigados, mediante o uso sistemático da razão que lhe é inerente.

Ao pensamento de Popper é alheio o conceito de ideologia. E, no entanto, somente através dele seria possível dar um sentido mais profundo à sua crítica ao empirismo, na medida em que aquilo que nele aparece designado por "dogmatismo" não ficasse preso à premissa de que os processos em jogo são conscientes e se pudesse, por essa via, explorar a fundo as afinidades que, apesar de tudo, ligam aquilo que ele designa por "mitos" precisamente à noção de ideologia. Em consonância com isso, aquilo que ele chama de técnicas e práticas mágicas seria redefinido em termos de técnicas e práticas ideológicas. É claro que essa redefinição escapa ao alcance das formulações de Popper. Suas bases somente podem ser dadas por uma concepção de ciência mais matizada, e que necessariamente terá que partir de premissas radicalmente diferentes.

Encontramos essa concepção expressa de modo mais claro e vigoroso na obra de Jean Piaget. Discutindo num contexto mais amplo, ao tratar da explicação em sociologia o problema da relação entre consenso e verdade lógica em sociologia, Piaget comenta que a identificação dessas duas categorias "repousa sobre a confusão entre ideologia e lógica racional (vale dizer, científica), e basta introduzir a distinção entre essas duas formas de pensamento para descartar qualquer equívoco. O acordo de espíritos que funda a verdade não é, portanto, o acordo estático de uma opinião comum: é a convergência dinâmica que resulta do emprego de instrumentos comuns de pensamento; em outras palavras, é o acordo obtido mediante operações semelhantes utilizadas pelos diversos indivíduos".

Até aqui, aparentemente não estamos longe do universo de pensamento de Popper. No entanto, um exame melhor das ideias de Piaget revela o peso que a adoção explícita e sistemática da noção de ideologia confere à reflexão científica em sociologia.

Nos quadros da sua epistemologia genética (que não está em exame aqui, onde toda a atenção se concentra nas suas contribuições à teoria social, recolhidas no livro *Études Sociologiques*), Piaget procura formular as relações entre atividades concretas individuais e sociais e atividades de conhecimento; ou, mais precisamente, vincula geneticamente operações práticas e operações simbólicas. O conceito básico, naquilo que nos interessa, é elaborado por ele ao longo das suas pesquisas psicológicas, e em seguida aplicado ao exame do conhecimento social. Trata-se do conceito de *descentração*, que se contrapõe, no plano individual, à ideia de uma atividade simbólica centrada no *ego* e, no plano social, àquela de uma vinculação grupal não refletida ("pré-operatória") das formas de simbolismo coletivo. A descentração corresponde ao processo básico pelo qual o sentido de uma prática é retirado da órbita imediata do sujeito (individual ou social); constitui, portanto, a dinâmica concreta pela qual se alcança a objetividade, no plano individual e social.

O estudo do desenvolvimento do pensamento individual conduz, segundo Piaget, à consideração de três sistemas cognitivos, geneticamente articulados. Temos, em primeiro lugar, a predominância da "assimilação prática do real aos esquemas de atividade sensório-motora"; em seguida, a "interiorização de ações isoladas conduz a uma assimilação representativa do real"; finalmente, as próprias operações coordenadas sobre o real ganham ascendência, e aqui atingimos o nível em que se instala a descentração do conjunto de ações em relação ao sujeito e às noções subjetivas. A descentração não é um simples elo num processo contínuo, mas implica uma descontinuidade em relação aos esquemas de pensamento anteriores, ao reestruturá-los radicalmente. Em vista disso, "o progresso da consciência individual não consiste apenas numa integração direta e simples dos esquemas iniciais nos esquemas ulteriores, mas numa inversão fundamental de sentido, que retira as relações do primado do ponto de vista próprio, para recompô-los em sistemas que subordinam esse ponto de vista à reciprocidade de todos os pontos de vista possíveis, e à relatividade inerente aos agrupamentos operatórios. Ação prática, pensamento egocêntrico e pensamento operatório são, portanto, os três momentos essenciais dessa construção".

Posto isso, estamos de posse dos elementos para aplicar o mesmo esquema analítico ao estudo da sociedade. É nesse ponto que entra a distinção entre pensamento científico e representações ideológicas. O primeiro é operatório e descentrado (descentração tríplice: em relação ao sujeito, que é social; ao objeto, que é a própria sociedade enquanto totalidade estruturada; e em relação às representações pré-operatórias por interiorização de ações – que o sujeito elabora acerca do objeto). No plano do pensamento coletivo, encontramos três níveis. Primeiramente, temos as técnicas, ligadas ao trabalho material e cuja consciência não ultrapassa os limites das suas condições particulares de eficácia; no outro extremo, temos um "pensamento científico ou operatório", que não se esgota no plano da atividade material, mas que se vale das "técnicas interiorizadas", ou seja, de operações, e que tem condições para compreender as relações subjacentes a um conjunto de ações particulares. Ocorre, contudo, que "entre a técnica e a ciência há um meio-termo, que por vezes tem desempenhado o papel de um obstáculo: é o conjunto das formas coletivas de pensamento que não são nem teóricas nem operatórias, procedentes da simples especulação; são as ideologias de todo gênero [...]. Ora, o resultado mais importante das análises sociológicas sobre esse meio-termo, nem técnico nem operatório, consistiu em demonstrar que ele é essencialmente sociocêntrico. Enquanto a técnica e a ciência constituem duas modalidades de relações objetivas entre os homens em sociedade e o universo, a ideologia em todas as suas formas é uma representação das coisas que centra o universo sobre a sociedade humana, sobre suas aspirações e conflitos". De forma análoga à que ocorre no plano individual, "o pensamento científico sempre exigiu, no desenvolvimento social, uma descentração relativamente às ideologias e à própria sociedade, descentração necessária para permitir ao pensamento científico continuar a obra das técnicas nas quais ele mergulha suas raízes".

Tomando-se as três dimensões básicas da sociedade – os sistemas de signos, de valores e de regras – a ideologia se localiza no plano do sistema de signos. "Todo sistema de signos oscila entre a totalidade por composição lógica e a totalidade-mescla: é o caso, entre outros, do simbolismo dos mitos e das ideologias, seja qual for a sua racionalização aparente." Essa dimensão básica das ideologias encontra uma formulação em termos mais plásticos em um artigo de síntese de Piaget, sobre "pensamento egocêntrico e pensamento sociocêntrico": "Sempre e em toda parte intercala-se, entre a ação e a operação real, a palavra, fonte da livre representação, por um lado, mas igualmente fonte de desvios no sentido da submissão do pensamento ao sujeito pensante". É significativo que Piaget aponte nesse contexto como aspecto digno de nota da obra de Pareto a sua ênfase na análise dos "discursos", das "teorias pseudocientíficas, das ideologias em geral".

No que consiste, então, o caráter geral das ideologias, para Piaget? Ao examinar a obra de Durkheim e sua escola, que critica por "ter-se atido ao desenrolar contínuo das superestruturas, sem compreender a descentração essencial de pensamento que a ciência supõe", ele comenta: "Não é o caráter sociomorfo das representações coletivas primitivas que demonstra a natureza social da razão, mas sim o papel necessário de cooperação na ação técnica e nas operações efetivas de pensamento que a prolongam. As representações coletivas sociomórficas não passam de um reflexo ideológico dessa realidade fundamental. Elas exprimem a maneira pela qual os indivíduos representam para si e em comum seu grupo social e o universo, e é porque essa representação somente é intuitiva e mesmo simbólica e ainda não operatória que ela é sociocêntrica, em virtude de uma lei geral de todo pensamento não operatório, que é a de permanecer centrado sobre seu sujeito (individual ou coletivo)".

Temos, em suma, três sistemas interdependentes no pensamento coletivo: "as ações reais, que constituem a infraestrutura da sociedade; a ideologia, que é a conceituação simbólica dos conflitos e aspirações oriundas dessas ações; e a ciência, que prolonga as ações em operações intelectuais que permitem explicar a natureza e o homem, e descentram o homem de si próprio, para reintegrá-lo nas relações objetivas que ele elabora graças à sua atividade". A inspiração marxista dessa concepção é óbvia. E, com efeito, é em Marx que Piaget vai encontrar o seu principal apoio, na medida em que vê na sua obra "o mérito de ter distinguido, nos fenômenos sociais, entre uma infraestrutura efetiva e uma superestrutura que oscila entre o simbolismo e a tomada de consciência adequada, no mesmo sentido (e Marx é explícito a respeito) em que a psicologia é obrigada a distinguir entre o comportamento real e a consciência".

Dispomos, aqui, de uma concepção de ideologia imensamente mais rica do que as anteriores. A distinção ideologia-ciência (ou ideologia-teoria) já não se expressa como aquela entre um pensamento racional "criticamente depurado" e as ideias "existencialmente contaminadas" pelos interesses individuais, ou mesmo grupais. O essencial é que o domínio ideológico diz respeito às representações "vividas" dos sujeitos, individuais ou coletivos na medida em que estão centradas neles, ao passo que o domínio da ciência é o das operações lógicas socialmente pertinentes (no sentido de que elas, tal como as formas de pensamento ideológico, fazem parte de um sistema abrangente de atividades, no qual se articulam enquanto subsistemas), que já não tomam o sujeito como ponto de referência, mas o conjunto real de relações do qual ele participa. Demais, importa ressaltar que o domínio da ideologia é aquele dos sistemas de signos, no interior dos quais podem ocupar qualquer área. Abre-se, aqui, a possibilidade de encontrarmos a ideologia em sistemas de signos que se propõem serem científicos; vale dizer, cujos elementos componentes se apresentam como conceitos teóricos. Tais pseudoconceitos (porque ideológicos) teriam como característica básica a de não envolver a "descentração" peculiar à atividade científica e de ficar no nível das representações sociocêntricas; ou seja, da manifestação de como a sociedade se vê. Por essa via, se poderia atribuir, já num nível mais profundo, a condição de ideológicas às noções anteriormente examinadas nesse sentido, tais como massa, público, opinião e similares.

A incorporação de Marx por Piaget pressupõe a pertinência à teoria marxista da noção de consciência social (e da sua correlata, "falsa consciência") e da construção analítica infraestutura/supraestrutura. Nisso ele diverge de toda uma influente corrente de pensamento marxista contemporânea, associada ao nome de Louis Althusser. Um confronto entre essas duas concepções se impõe, portanto; confronto esse que, nunca é demais ressaltar, não envolve a tentativa de analisar as posições em presença como um todo, mas se limita sumariamente aos problemas diretamente relevantes para o presente estudo.

O ponto de partida evidente desse confronto é dado pela concepção althusseriana de ideologia. "Convencionou-se dizer que a ideologia pertence à região 'consciência'", comenta Althusser na sua obra de 1965 *Pour Marx*, para logo contestar: "Na verdade, a ideologia pouco tem a ver com a 'consciência', supondo-se que esse termo tenha um sentido unívoco [ademais, ele está contaminado pela prática idealista anterior a Marx]. Ela é profundamente *inconsciente*, mesmo quando se apresenta refletida. A ideologia é, antes de tudo, um sistema de representações; mas essas representações, no mais das vezes, nada têm a ver com a 'consciência'. Elas são imagens, às vezes conceitos, mas é antes de tudo como estruturas que elas se impõem à imensa maioria dos homens, sem passar à sua 'consciência'. São objetos culturais percebidos-aceitos-suportados que agem sobre os homens sem passar para a sua 'consciência'. [...] A ideologia se refere, pois, à relação vivida dos homens no seu mundo. Essa relação, que não parece consciente a não ser sob a condição de ser inconsciente, parece, da mesma maneira, não ser simples a não ser sob a condição de ser complexa, de não ser uma relação simples, mas uma relação de segundo grau. Na ideologia, os homens expressam, com efeito, não as suas relações nas suas condições de existência, mas a *maneira* como vivem a sua relação às suas condições de existência: o que supõe, ao mesmo tempo, relação real e relação 'vivida', 'imaginária'. A ideologia é, então, a expressão da relação dos homens com seu 'mundo', isto é, a unidade (sobredeterminada) da sua relação real e da sua relação imaginária com suas condições de existência reais. Na ideologia, a relação real está, inevitavelmente, investida na relação imaginária: relação que *exprime* mais uma *vontade* (conservadora, conformista, reformista ou revolucionária), mesmo uma esperança ou uma nostalgia, que não descreve uma realidade".

Esse trecho – retirado, a bem da verdade, de uma das primeiras formulações de Althusser sobre o tema – merece ser citado na íntegra porque somente assim transparecem com nitidez as hesitações com que o autor se debate. Naquilo que essa formulação tem de mais substantivo, não estamos longe de Piaget; na realidade, é nossa impressão que aqui pouco se acrescenta de realmente significativo às concepções deste. Mais do que isso: parece haver aqui sinais de um possível retrocesso em relação àquilo que vimos em Piaget. Isso se manifesta sob dois aspectos básicos. Em primeiro lugar, a aversão de Althusser (e dos seus seguidores) ao "historicismo" informa a sua rejeição da noção de consciência social (ou, mais precisamente, socialmente determinada) enquanto conceito teórico. Em consonância com isso, ele não admite que sequer lhe escape da pena a expressão "falsa consciência" (também socialmente determinada) como referida a uma dimensão básica da ideologia. A sua vigilância nesse particular é tanto mais nítida quando confrontada com a frase final da nossa citação, que, pelo seu descompasso em relação ao que veio antes, poderia ser atribuída por um leitor ingênuo a um descuido de redação. Não se trata disso, é claro: as duas coisas estão ligadas, de sorte que não é acidental que se comece o argumento pela recusa da noção de consciência como pertinente à análise da ideologia, e se termine falando em vontade, esperança e nostalgia.

Ainda estamos, contudo, num nível muito primário de exame dessas formulações. Convém reconhecer, desde logo, o caráter perfeitamente legítimo da ênfase de Althusser na circunstância de que na ideologia não se refletem diretamente as condições reais de existência dos homens, mas sim a relação que eles mantêm com elas. Em suma, que a ideologia está no plano do "vivido" e que este, por sua vez, se articula e se mantém por efeito da "deformação imaginária" (para usar uma expressão de um outro trabalho seu, posterior) que a ideologia, constituída em sistema (isto é, enquanto estrutura) apresenta aos homens que são seus portadores. É legítimo, também, assinalar o caráter objetivo da ideologia, o que não requer mais do que a sua retirada do plano da consciência individual, e, sobretudo, entendê-la como sistema de signos. Até aqui, não nos afastamos de Piaget. (Escapa ao nível da presente discussão aquilo que mais diretamente opõe Althusser a Piaget: a adesão deste a um estruturalismo genético, do qual Althusser recusa ambos os termos.) Ademais, esses caracteres da ideologia são familiares a autores de orientação teórica diversa da de Althusser, ainda que compartilhem com ele a adesão ao marxismo. Tomemos o caso de um autor que faz uso sistemático da ideia de ideologia como forma de "falsa consciência socialmente determinada", e vai mesmo ao ponto de adotar a noção – essa sim, muito mais discutível, mas, no nosso entender, não inerente à anterior – de "alienação". André Gorz, em notável livro de 1956, *La Morale de l'Histoire*: "A ideologia é mais que um simples reflexo mistificador da realidade, é uma interpretação. As ideologias vêm de longe; elas têm sua história e sua lógica próprias, que não coincidem necessariamente com aquelas da práxis. Pois a ideologia também é objetiva. Tematização de um sistema de fins, de uma interpretação e de um conhecimento prático do mundo, ela está sedimentada na linguagem, ela tem seu peso próprio". E, em confronto – favorável, no nosso entender, apesar de constituir um conjunto de formulações comprometidas por uma certa ambiguidade – com a ideia althusseriana de ideologia como "indispensável a toda sociedade para formar os homens, transformá-los e pô-los em condição de corresponder às exigências das suas condições de existência", temos uma concepção mais matizada do problema: "Em suma, a ideologia é o meio de dissolver contradições insolúveis pela palavra, pelo pensamento; seu objetivo consiste em dar-se conta, de modo não contraditório, de um mundo de contradições, e de reapropriar para os indivíduos, em ideia, uma realidade que lhes está alienada nos fatos".

As referências a Gorz não traduzem mera intenção polêmica: é que elas, apesar de representarem uma orientação diversa da de Althusser, permitem visualizar uma questão básica, suscetível de ser resolvida de modo congruente com as formulações deste. Deixando de lado, no momento, a referência à "história" das ideologias, cabe ressaltar as observações de Gorz acerca do caráter objetivo da ideologia e a sua "sedimentação" na linguagem. Retornando a uma linha de pensamento que tem afinidades com a de Althusser, encontraremos um comentário que permite dar sentido às suas formulações algo obscuras citadas acima. Com referência ao mesmo texto, Eliseo Verón sustenta, em *Ideologia, estrutura e comunicação*, que, "se as ideologias são estruturas (no sentido em que o estruturalismo utiliza essa expressão) então não são 'imagens' nem 'conceitos' (vale dizer, não são conteúdos), mas sim corpos de regras que determinam a organização e funcionamento de imagens e conceitos". Vale dizer: as ideologias seriam códigos. Posto isso, Verón pode afirmar que a caracterização da ideologia como "relação de segundo grau" ganha sentido se entendida como se referindo "à distinção entre um sistema de codificação e conteúdos codificados, e introduz, no pensamento marxista, a ideia fundamental de uma mediação. Em certa interpretação elementar do marxismo, ocorre como se houvessem dois termos, um objetivo e outro subjetivo: as condições de existência, que são 'objetivas' e 'materiais' – a infraestrutura – por um lado, e, por outro lado, a 'ideologia'. A ideologia fica reduzida a um 'reflexo' deformante, uma 'excrescência' não substancial das condições de existência. Mas a ideologia [se localiza] no plano dos sistemas de codificação da realidade, que explicam os conteúdos dessas mensagens que circulam em uma sociedade e que são suas normas manifestas. Esses sistemas de codificação não são 'meras excrescências' das condições materiais, mas seu extremo oposto: constituem uma dimensão central das próprias condições materiais, visto que determinam a significação das condutas sociais, e as condições materiais não são outra coisa que relações sociais. Longe de ser um 'subproduto' que determina a 'falsa consciência' social, a ideologia é então 'o modo natural de existência' da dimensão significativa dos sistemas de relações sociais". A argumentação de Verón está centrada na ideia de que a oposição entre objetivo e subjetivo não é pertinente à análise marxista, e de que a significação é um fenômeno objetivo.

Julgamos já ter apresentado material suficiente para demonstrar que a "certa apresentação" do marxismo a que se refere Verón é de fato muito "elementar". Mas, não nos preocupemos com o grupo de referências negativas de Verón. O que importa são suas formulações substantivas; e essas são das mais fecundas. Aquilo que elas têm de essencial, na parte que nos interessa, está expresso ao se sustentar que "a ideologia é um sistema de codificação da realidade, e não um conjunto de mensagens codificado com esse sistema. Assim sendo, explicar o sistema de codificação que um ator social ou uma certa classe de atores sociais utiliza para organizar significativamente a realidade equivale a descrever, do ponto de vista da comunicação, as condições que definem a relação desses atores com o seu mundo social. A ideologia se torna assim autônoma relativamente à consciência ou à intenção dos seus portadores; estes podem ser conscientes de seus pontos de vista sobre o social, mas não das condições semânticas (regras e categorias de codificação) que tornam possíveis tais pontos de vista". Cabe observar que a categoria *consciência* está sendo tomada aqui (como ocorre com muita frequência nesses casos) no plano individual, ficando no mesmo nível que as *intenções*. Não se trata, nesse ponto, de tentar pensá-la também no plano social; o que, de resto, Verón não aceitaria, e por motivos análogos nos dois casos. É que ela seria, de qualquer modo, tributária de uma "teoria subjetiva do sentido".

Convém reconhecer, desde logo, que as formulações de Verón levantam um problema sério para a argumentação desenvolvida até aqui. É que, do seu ponto de vista, expresso em artigo no qual trata explicitamente da ideologia e da comunicação de massa, "a ideologia não é um tipo particular de mensagens, ou uma classe de discursos sociais, mas um dos muitos níveis de organização das mensagens, do ponto de vista de suas propriedades semânticas. A ideologia é, então, um nível de significação que pode estar presente em qualquer tipo de uma análise como a que vem sendo desenvolvida aqui, na qual se procura apontar o caráter ideológico de um conjunto de noções incorporadas ao repertório das ciências sociais, e usadas no estudo da comunicação. Poder-se-ia argumentar que noções isoladas não são por si mesmas ideológicas, mas apenas o podem ser conforme o contexto (discurso) em que se articulam segundo regras específicas a serem examinadas. Ocorre que um dos aspectos do presente trabalho consiste justamente em tentar demonstrar que, ao incorporarem noções retiradas de um discurso no nível político no qual tinham caráter ideológico (ou, conforme a presente acepção, operavam no plano conotativo e não no denotativo) sem submetê-las a uma crítica prévia, mas por simples assimilação neutralizadora, o caráter conotativo de tais noções permaneceu intacto, apesar da transferência de uma modalidade de discurso a outra. Mesmo porque a própria "neutralização" opera no plano conotativo, com o que se reforça, ao invés de se eliminar, a carga ideológica de tais noções.

Os comentários de Verón sobre Althusser permitem explicitar, ainda que num registro mais "estruturalista" do que o próprio Althusser provavelmente consideraria desejável, aspectos importantes das formulações deste, que estão por detrás de algumas (não todas) as suas imprecisões terminológicas e de fraseado. O interessante, para nós, é que as formulações de Verón nos conduzem de volta a Piaget, na medida em que ele não faz outra coisa senão explicitar as modalidades de operações pertinentes ao tratamento científico do problema das ideologias. Pode-se aventar que Piaget teria menos resistência a oferecer contra as ideias de Verón do que o próprio Althusser; exceto, é claro, no tocante à contestação da validade da noção de consciência, que para Verón (como também ocorre muito com Althusser) aparece como tendo uma carga subjetiva muito acentuada, em contraste com as posições do próprio Piaget.

Vislumbra-se, ademais, nesse ponto, um problema fundamental, cujo tratamento escapa aos limites do presente trabalho. Consiste ele na distinção entre as noções de *sistema de operações*, presente, por exemplo, na obra de Piaget, e a de *código*, que é compatível com modalidades "não genéticas" de análise estrutural. Há motivos para crer que um exame aprofundado da questão faria avantajar-se a primeira noção, mesmo porque ela escapa melhor à ameaça de formalismo, intrínseca à segunda.

Se admitirmos, contudo, que as observações de Verón acerca de Althusser correspondem legitimamente a certos aspectos implícitos na perspectiva deste, seria possível esclarecer uma das facetas mais desconcertantes do pensamento de Althusser. Referimo-nos a um resultado do seu esforço no sentido de lançar as bases para uma teoria geral da ideologia, em contraposição às teorias específicas relativas às modalidades históricas particulares desse fenômeno. Tal resultado se exprime na formulação, feita de maneira mais clara no seu artigo de 1970 sobre ideologia e aparelhos ideológicos do Estado, segundo a qual "a ideologia não tem história". Segundo essa concepção, a ideologia, tomada em seu caráter genérico, é "onipresente, trans-histórica, imutável"; enfim, atravessa a história toda conforme uma "estrutura" e um "funcionamento" próprios. Althusser oferece, para esclarecer a analogia com a noção de "inconsciente" em Freud. Seria mais fecundo, no entanto, pensar essa "ideologia em geral", proposta por Althusser, em termos de código. Não é nossa tarefa, aqui, tentar desenredar Althusser e seus companheiros das malhas cada vez mais apertadas em que se movem, mas nos parece que, se é que se pretende falar de ideologia nesse sentido extremamente genérico, a noção de código é a única que permite assegurar a racionalidade do empreendimento.

Na realidade, uma solução desse tipo já foi explorada em dois trabalhos interligados por Thomas Herbert [pseudônimo de Michel Pêcheux] na revista *Cahiers pour l'Analyse*. No primeiro desses trabalhos, procura-se demonstrar que as ciências sociais correspondem a uma dimensão das "práticas técnicas", na medida em que, atendendo a uma "demanda social", operam a "realização do real" (ou seja, operam repetitivamente sobre um real já dado) conforme esse real é definido no universo de discurso próprio à "prática política" (que concerne à transformação das relações sociais). Por essa via, as ciências sociais aparecem como "práticas técnicas" que constituem "o prolongamento direto das ideologias que se constituíram no contato da prática política. Mais precisamente, "as 'ciências sociais' consistem, na sua forma atual, na aplicação de uma técnica a uma ideologia das relações sociais, cujo conjunto complexo em aplicação tem por fim responder a uma demanda social ao realizar o real psicossociológico, tendo em vista uma adaptação ou readaptação das relações sociais à prática social global, considerada como invariante do sistema". Nessas condições, as ciências sociais contemporâneas não produzem conhecimento científico, mas se atêm à "realização do real" que, a rigor, deveria ser o ponto de partida dos seus esforços metódicos.

Essas ideias (cuja exposição, aqui, não faz justiça à sofisticação da análise de Herbert) correspondem, no fundamental, à caracterização crítica mais adequada do estado presente das ciências sociais, tal como, de resto, ela é feita, em outros termos, por vários autores. Já o segundo artigo vai mais longe, e se dirige no sentido assinalado antes de formular as bases de uma teoria geral da ideologia em termos que denotam sua inspiração semiológica. A ideia essencial, nesse caso, consiste no exame sistemático daquilo que Herbert denomina "dupla forma da ideologia". Temos ideologias de tipo "A", cuja origem está no "campo técnico", que remete ao processo de produção e que engendra um conhecimento correspondente à forma "empírica" da ideologia. Temos, por outro lado, ideologias de tipo "B", oriundas do campo político e relativas às "relações sociais de produção", que revestem sua forma "especulativa". O importante é que a atenção se concentra nas condições formais de emergência dessas formas ideológicas; vale dizer, não interessam os elementos do seu campo de origem, mas a forma de sua articulação. Pensado o problema em termos tomados de empréstimo à linguística, as analogias entre a forma técnica da ideologia e a semântica e entre a forma especulativa e a sintaxe se impõem quase de imediato.

O tratamento dessas analogias [não explícitas no texto, que se detêm mais na associação entre forma técnica e forças produtivas e entre forma especulativa e relações de produção, referidas estas últimas à estrutura da sociedade como tal] conduz à conclusão de que "a análise das formas de existência ideológicas suportadas pelos sujeitos 'concretos' de uma formação social dada implica algo muito diferente da pura observação do seu dizer e do seu fazer. Ela deve tentar ir até o mecanismo no qual se elaboram as formas da existência da individualidade subjetiva, nas quais precisamente esse mecanismo se dissimula". Para isso, o problema de fundo consiste em localizar as relações sociais de produção e demonstrar que não concernem a uma "regra pré-consciente", mas a um "sistema de operadores, pertencentes ao domínio da Lei inconsciente". Em suma, não se trata de simplesmente remeter o conjunto de comportamentos conscientes observados às regras sintáticas, que definem a articulação interna do discurso (ideológico) que lhe dá sentido, mas deve chegar à Lei estrutural, inconsciente mais profunda que define a articulação das próprias regras. Por essa via, segundo parece, exprime-se a conjugação entre a análise semiótica e as preocupações clássicas da análise "materialista histórica", na medida em que a busca do código foca associada à "localização" das relações sociais de produção; entendidas, ambas essas categorias, como situadas no campo do "inconsciente social".

Temos aqui, então, uma perspectiva de análise que toma a ideologia como uma das dimensões básicas da prática social, e abre o caminho para examiná-la enquanto linguagem a ser analisada em termos estruturais, pela localização (analítica e também substantiva, isto é, social) dos sistemas de regras inconscientes que definem a sua articulação nas diversas modalidades de discursos. As formas ideológicas não se confundem com as "mensagens" conscientemente difundidas numa formação social dada, mas seu estudo necessariamente está feito a partir dessas mensagens, cujos princípios de estruturação em sistemas importa encontrar, pois só por essa via a análise se torna explicativa do real e não apenas sua reprodução.

Um dos elementos que mais contribuem para impelir a análise desse tipo (associada, aqui, às figuras de Althusser e dos seus companheiros) rumo a uma perspectiva estritamente estrutural é o horror dos seus representantes ao "historicismo". Essa aversão chega em certos casos a assumir formas extremadas. Assim, Nicos Poulantzas, ao tratar desse tema no seu livro sobre poder político e classes sociais, chega a atribuir a autores como Marcuse, Adorno e Goldmann (todos eles eméritos "historicistas") a aceitação, ainda que implícita, da tese do "fim da ideologia" na sociedade contemporânea. Vale a pena examinar esse exemplo, pelo que ele tem de ilustrativo.

Poulantzas cita uma passagem de Marcuse, e um texto de Adorno, para fundamentar a sua tese (que ele próprio atenua, em nota de rodapé, ao comentar que Marcuse rejeita explicitamente a ideia do "fim da ideologia"). O argumento de Poulantzas é que esses autores adotam implicitamente tal concepção, na medida em que sustentam que, nas formações capitalistas contemporâneas, haveria uma "absorção da ideologia na realidade". Vejamos o texto de Marcuse ao qual faz alusão: "Essa absorção da ideologia pela realidade não significa, contudo, o fim da ideologia. Pelo contrário: em certo sentido, a cultura industrial altamente desenvolvida é mais ideológica que as precedentes, na medida em que a ideologia se encontra hoje no próprio processo de produção". E Marcuse remete ao trabalho de Adorno, a que também Poulantzas se refere. Neste se lê: "Precisamente porque já não existem ideologias no sentido estrito de consciência falsa, mas apenas a propaganda do mundo mediante sua reprodução, a questão da dependência causal da cultura tem hoje algo de primitivo". Até aqui, Poulantzas encontra algum apoio em Adorno (no caso de Marcuse a situação obviamente é a oposta da apresentada por ele). Examinemos melhor, contudo, os argumentos de Adorno nesse texto ao tratar de crítica cultural e sociedade: "A ideologia, a aparência socialmente necessária, é hoje a própria sociedade real, na medida em que a sua força e a sua inevitabilidade integrais se converteram num substituto para o sentido por ela destruído". E, em outro ponto: "Na era burguesa, a teoria dominante era a ideologia, e a práxis opositora se lhe contrapunha diretamente. Hoje quase não há teoria, e a ideologia flui das engrenagens da práxis inevitável". Visivelmente estamos em pleno reino da ideologia, e não no seu fim.

O equívoco de Poulantzas não é fortuito. É que há uma diferença essencial entre a sua perspectiva e a dos autores que aqui critica. A sua tendência, fiel à inspiração althusseriana, é no sentido de operar com a noção de ideologia em termos estruturais e, no limite, genéricos e não históricos. Para Adorno (em quem passaremos a concentrar a atenção doravante), a localização e a caracterização histórica específica do fenômeno são fundamentais. Não se trata de procurar a ideologia no plano do sujeito ou qualificá-la, a partir do exterior, como falsa consciência, mas de apanhar, através de uma crítica imanente das suas manifestações, as condições históricas da sua produção e reprodução. "O proceder imanente acolhe o princípio de que não é a ideologia que é falsa, mas sua pretensão de estar de acordo com a realidade. Crítica imanente de formações espirituais significa compreensão, mediante a análise de sua configuração e do seu sentido, da contradição existente entre a ideia objetiva da formação cultural e aquela pretensão", escreve ele no mesmo artigo.

As bases históricas concretas reveladas por essa análise já foram assinaladas no capítulo anterior, e retornam aqui, no mesmo texto de Adorno: "O processo de produção como tal manifesta-se, no final, como aquilo que já era na sua origem na relação de troca, juntamente com sua condição de meio para a subsistência: como uma falsa consciência recíproca dos contratantes, em suma, como ideologia. A consciência, por seu turno, vai se convertendo simultaneamente num mero elo na conexão do todo. Ideologia significa hoje: a sociedade como aparência".

O diálogo entre essas posições diferentes – chamemo-las, em nome daquilo que é enfatizado por cada qual, de "estrutural" e "crítica" – é dificultado não só por distinções conceituais de base (por exemplo, acerca da validade, ou não, do conceito de consciência social), mas, sobretudo, porque tais diferenças refletem modalidades contrastantes de ver o social. Do ponto de vista estrutural, essa concepção crítica sucumbe ao "historicismo", ou seja, opera com premissas de raiz "hegeliana", segundo as quais a história é vista como a simples progressão no tempo de totalidades compostas por elementos equivalentes, cuja dinâmica interna é dada pela passagem "dialética" da "essência" para a "existência". Em consonância com isso, confere-se primazia naquela análise à categoria do "sujeito da história", nos quadros de uma dialética sujeito-objeto.

Do ponto de vista crítico, por seu turno, a concepção "estrutural" falha precisamente por descaracterizar a dimensão histórica do seu objeto; tanto assim que é plausível atribuir-lhe a ideia de que a tendência da análise estrutural no sentido de construir teorias genéricas acerca de diversas "instâncias" da categoria maior, modo de produção, e de conceber como sua tarefa a de construir uma teoria do modo de produção, envolve uma extrapolação das condições definidas em que ela opera. Aplicado ao caso da análise da ideologia, isso significa que a própria concepção da possibilidade de se construir uma teoria geral desse fenômeno reflete precisamente a generalidade concreta dele na sociedade contemporânea.

É nesses confrontos que encontramos a raiz do "mal-entendido" entre Poulantzas, Marcuse e Adorno, apresentado acima. Na área que nos interessa, contudo, deparamos aqui com um resultado aparentemente paradoxal: é que as próprias diferenças entre essas perspectivas se compõem – para além, é claro, da sua raiz teórica comum – numa convergência básica acerca do modo de ver a ideologia no mundo contemporâneo (mais precisamente, na forma contemporânea da sociedade capitalista). É que ambas operam com a ideologia em termos de um processo de reprodução (ou realização) do real e ambas a entendem em termos de sistemas simbólicos específicos, que requerem análise como tal. Para ambas, também, a ideologia está no plano do "vivido"; com a diferença de que a concepção crítica se preocupa muito mais diretamente com as condições historicamente específicas de produção desse vivido e relutaria em torná-lo como um critério geral caracterizador do fenômeno.

Observe-se, de passagem, que isso já retira as bases da crítica feita a essa tendência, no sentido de operar com a categoria consciência no plano do sujeito. Na realidade, uma premissa básica desse enfoque é a de que a consciência social é um produto de uma configuração socioeconômica historicamente dada, e que ela produz, por sua vez, os seus próprios sujeitos concretos. Sem essa premissa não se poderia conceber a construção do conceito de indústria cultural. Entende-se a ressalva, feita acima, no sentido de que essa convergência é válida fundamentalmente para o mundo contemporâneo: a ênfase da visão crítica sobre a dimensão histórica da análise limita deliberadamente o seu campo de generalização. É inegável, com efeito, que a dimensão histórica ocupa lugar central nessa modalidade de análise, mas ela é concebida de modo que o caminho entre ela e o "historicismo", tal como foi caracterizado acima (segundo Poulantzas), é mais longo do que se poderia supor; longo demais para poder ser deslindado nos limites do nosso presente campo de interesse. (Assinale-se, apenas, para não mutilar demais o tratamento do tema, uma diferença fundamental e do maior alcance entre essas orientações, que diz respeito a se atribuir ou negar historicidade aos próprios conceitos científicos usados.)

Uma passagem, entre muitas e espalhadas por toda a sua obra (neste caso é retirada do livro de introdução à sociologia da música), de Adorno permite visualizar sumariamente aquilo que o aproxima e o que o separa das concepções de Althusser e seu grupo. "As ideologias, o cimento de outrora, que submetia as massas à sua conformação, reduziram-se até a imitação daquilo que já é, desistindo de salientá-lo, justificá-lo ou mesmo negá-lo". As ideologias não constituem, portanto, de modo geral o "cimento" da sociedade; a sociedade plenamente "socializada" (para tentar traduzir um termo básico em Adorno) dispensa essa argamassa. As diversas peças da sua estrutura se ajustam em todos os seus níveis, num todo que se impõe como o real, e é um "real ideológico", porque veda por todos os lados o acesso àquilo que concretamente o articula enquanto tal: as relações de produção. Num raciocínio que lembra curiosamente determinadas análises econômicas dos socialdemocratas no início do século (Hilferding, por exemplo) se aponta a simultânea solidez e fragilidade da plena expansão da ideologia. "Posto que ideologia e realidade convergem de tal forma; posto que a realidade se torna sua própria ideologia, não seria necessário mais do que um diminuto esforço do espírito para expulsar essa aparência simultaneamente onipotente e nula; porém isso parece o mais difícil", lê-se na obra coletiva sobre sociologia já citada.

Como analisar, então, a ideologia, essa "aparência socialmente determinada", que acaba se apresentando como idêntica à própria realidade social que a engendrou? Mediante a construção de conceitos aptos a apreenderem, na configuração interna mesma do objeto, as determinantes sociais da sua produção como tal; num procedimento que se opõe à tradição empirista e positivista porque os conceitos não derivam da "observação" externa dos objetos, mas são constitutivos deles. "Onde o conceito não constrói o objeto, o próprio objeto lhe escapa", conclui-se no mesmo texto. A análise apanha de modo imanente o modo pelo qual relações de produção historicamente definidas se cristalizam no produto. No estudo de produtos culturais, a categoria básica a ser usada não é a de *comunicação*, que se refere à relação entre o sujeito e seus receptores, mas a de *mediação*, que é inerente ao próprio objeto, e suscita a questão de "como aspectos estruturais, posições, ideologias e tudo o mais da sociedade se impõe à própria obra de arte". Em suma, não se trata de saber o lugar da arte na sociedade, mas "como a sociedade se objetiva na própria obra de arte". Tomemos um problema específico, numa área em que Adorno era especialista – a sociologia da música – para ilustrar a combinação que ele procura fazer entre uma análise histórica global e o exame imanente da obra. A referência, retirada do capítulo sobre "mediação" da introdução à sociologia da música, também permite caracterizar melhor as diferenças entre a posição de Adorno e as outras já mencionadas. "A relação entre técnica e sociedade também não pode ser concebida como constante na área musical. Por muito tempo a sociedade não se exprimia na técnica senão pela adaptação dessa a desideratos sociais. Foi somente quando a técnica deixou de se medir diretamente pelo uso social que ela se converteu em força produtiva: a sua separação metódica da sociedade abrangente, em termos da divisão do trabalho foi a condição do seu desenvolvimento social, à semelhança do que ocorreu em relação à produção material. A congruência entre esse desenvolvimento técnico e a contínua socialização racional da sociedade somente se tornou visível no final de uma fase para a qual isso era imperceptível no início. A técnica se diferencia conforme a situação do material e a das modalidades de procedimento. A primeira poderia ser comparada às relações de produção em que se encontra o compositor; a segunda, às forças produtivas formadas, em relação às quais ele controla as próprias. Entre ambas, contudo, vigora a ação recíproca; o próprio material já traz as marcas das modalidades do procedimento, já incorporou momentos subjetivos; as modalidades de procedimento encontram-se necessariamente em proporções determinadas em relação ao seu material. Todos esses fatos têm seu lado intrinsecamente musical tanto quanto seu lado social, e não comportam uma sumária casualidade unilateral. As relações genéticas são, por vezes, tão complexas que a tentativa de desenredá-las se perde, suscitando inúmeras outras interpretações. Mais essencial, contudo, do que saber o que provém de onde, é o conteúdo: como a sociedade aparece na música, como ela pode ser decifrada de sua textura."

A análise daquilo que Adorno designa como indústria cultural obedece a essa orientação. Nesse caso, temos produtos culturais absorvidos num universo de mercadorias. Por isso mesmo, e em consonância com a tradição de pensamentos a que Adorno se filia, a análise se concentra sobre o produto-mercadoria, para identificar na sua própria constituição interna as determinantes, historicamente dadas, que permitem explicar o modo pelo qual ela se apresenta. A análise se concentra, portanto, sobre o produto, e remete às condições da sua produção, que são também aquelas que regem, simultaneamente, a organização de sua distribuição e a forma pela qual são consumidos. Em suma, a análise da dimensão cultural deve centrar-se nos seus produtos – vale dizer nas mensagens, no caso da comunicação – e não nas suas formas de difusão e recepção, visto que elas, assim como as categorias sociais correspondentes (audiência, público etc.) não têm poder explicativo. Isso porque as próprias mensagens, enquanto articuladas num sistema abrangente, lhes vedam a percepção das condições sociais que simultaneamente produzem os bens culturais, que formam o seu mundo, e essas próprias categorias.

O que diferencia fundamentalmente essas duas modalidades de análise, a despeito da sua raiz teórica comum, é aquilo que constitui o fulcro das suas construções conceituais. Trata-se, em síntese, da contraposição entre a categoria consciência, tomada como produto histórico, e a categoria inconsciente social, enquanto princípio estruturador cujas condições particulares de vigência são historicamente dadas, mas que admite uma análise genérica, em termos de uma teoria abrangente dos seus modos de operação.

A essa distinção de ordem geral se associa outra, mais específica e diretamente pertinente ao nosso tema; e, de resto, já implícita no exame anterior da questão. Trata-se da diferença entre o tratamento da ideologia enquanto sistema de signos comunicados – ou seja, como discurso na sua acepção mais ampla, que abrange também a comunicação não verbal – por um lado, e enquanto sistema de regras organizadoras do discurso – vale dizer, como código – pelo outro. É visível, do exame anterior, que a orientação crítica tende a operar com a primeira dessas acepções, ao passo que a perspectiva estrutural privilegia a segunda.

Deixando definitivamente de lado os complexos problemas de ordem teórica envolvidos nessa distinção, cabe porém assinalar que os partidários de uma perspectiva estrutural se beneficiam de uma vantagem ponderável no plano metodológico. É que eles podem recorrer diretamente aos desenvolvimentos mais recentes da Linguística nas suas análises, ao passo que a orientação crítica ostenta afinidades com uma tradição de cunho interpretativo que, por vezes, se aproxima comprometedoramente da visão "hermenêutica" própria às "ciências do espírito", associada a figuras como a de Dilthey.

Entretanto, não há por que vedar, em princípio, o acesso ao instrumental linguístico contemporâneo às versões mais matizadas dessa orientação. Já se tem trabalhado nessa área, sobretudo graças aos esforços de Jürgen Habermas (por exemplo, quando expõe seu interesse numa "teoria da competência comunicativa"). O essencial é que ambas essas orientações ministram bases para uma análise dos produtos culturais no nível das mensagens, enquanto fenômenos pertencentes ao domínio ideológico.

Não é possível, contudo, deixar totalmente sem referência uma perspectiva que se propõe operar simultaneamente com as noções de estrutura e consciência social como diretrizes da análise. Trata-se das elaborações de Lucien Goldmann, que estão centradas no estudo de formas altamente organizadas de produtos culturais, sobretudo na área da literatura e do pensamento filosófico. Tendo em vista que o próprio Goldmann explicitamente se recusa a considerar sua análise aplicável aos produtos da indústria cultural, não cabe aqui tentar examinar em minúcias a sua contribuição. A nós interessam os fundamentos e implicações dessa restrição do campo de análise.

Goldmann não concede importância intrínseca ao estudo dos conjuntos de mensagens produzidas e difundidas em massa no interior da sociedade. Interessa-lhe a obra (e, por extensão, a grande obra) literária ou filosófica que, tomada enquanto "estrutura significativa", tem a qualidade fundamental de elevar ao mais alto grau de congruência interna uma "visão do mundo", da qual é representativa. Essa "visão do mundo" corresponde a uma modalidade de consciência, cujo sujeito é coletivo, "transindividual" (uma classe social, por exemplo). Como tal, ela requer, para além da sua análise imanente, a sua inserção na "totalidade" (estrutura complexa mais abrangente) histórica e social específica pela qual é engendrada; temos, aqui, portanto, um "estruturalismo genético". A grande obra é aquela que leva ao limite extremo, historicamente dado, as virtualidades da "visão do mundo" definidas pela estrutura histórico-social à qual se vincula diretamente. Define, portanto, aquilo que Goldmann designa como seu "máximo de consciência possível", nas condições dadas.

A hipótese mais ampla e mais ambiciosa desse empreendimento consiste em propor uma relação de "homologia" entre a estrutura da obra e a estrutura social que engendra a modalidade correspondente de consciência social. A "visão do mundo" formaria, então, a "mediação" entre essas duas instâncias. Trata-se, pois, de uma análise que procura relacionar a obra e as condições históricas e sociais de sua gênese no plano das estruturas, e não dos conteúdos. Fica também patente, assim, por que só interessam os casos-limite de organização interna de produtos culturais, e não o universo difuso da produção cultural em massa. (De modo quase caricatural, poder-se-ia dizer que, para se analisar este último, teríamos que operar com algo como a noção obviamente ausente em Goldmann, de "mínimo de consciência possível".)

É no plano daquilo que chama de "explicação" (ou seja, na passagem da análise imanente da obra para a sua inserção numa totalidade histórico-social estruturada) que Goldmann encontra as maiores dificuldades. Isso, associado ao caráter ambicioso embora pouco preciso da sua hipótese da homologia entre os dois planos estruturais em questão, do qual um abrange o outro, está na origem de muitas das críticas mais pertinentes que seu esforço suscitou. É que, para ele, só uma dessas duas estruturas "homólogas" é intrinsecamente significativa (a obra), ao passo que a outra não o é, mas engendra significados, que se articulam nas "visões do mundo". É nesse ponto, por sinal, que Goldmann é vulnerável à crítica, que já lhe foi endereçada, no sentido de que acaba recaindo numa versão matizada da tese primária da "ideologia reflexo". Essa mesma defasagem entre as concepções das duas ordens estruturais constitui fator importante para explicar a incompatibilidade entre o pensamento de Goldmann e a noção de código (embora lhe fosse acessível, em princípio, a noção de sistema de operações). No entanto, é intuitivo que tal noção permitiria dar um sentido mais rigoroso à questão da "homologia estrutural", na medida em que se referiria a um conjunto de princípios ordenadores que fosse comum a duas ordens estruturais. De qualquer forma, Goldmann não logrou construir um quadro teórico plenamente consistente, capaz de integrar as suas noções básicas de consciência social e estrutura. Do nosso ponto de vista, interessa a exclusiva concentração da sua atenção na obra e a limitação, que impõe, ao alcance da sua análise interna; vale dizer, da análise centrada na mensagem.

É verdade que, mesmo em autores que estão próximos da linha de pensamento aqui privilegiada, encontramos restrições severas à concentração da análise no nível das mensagens, quando aplicada aos produtos da indústria cultural. Assim, Pierre Bourdieu, ao discutir o "campo intelectual e o projeto criador", defende a ideia de que, carecendo eles da autonomia própria à obra literária, e sendo "quase totalmente redutíveis às condições econômicas e sociais da sua fabricação", convém aplicar-lhes uma análise externa, relativa justamente às suas condições de produção e consumo. A esse respeito, contudo, merecem atenção os comentários de Maurice Mouillaud no sentido de que a posição de Bourdieu envolve o risco (paradoxal, no contexto) de ficar perigosamente próximo da "ideologia justificadora" adotada pelos controladores dos meios de comunicação: a de que estariam atendendo as exigências de um público dado.

A questão é discutida por Mouillaud com base num caso específico, que é o do jornal (na realidade, o "sistema dos jornais"). Sugere ele que essa linha de raciocínio envolve o postulado de que "o leitor existe antes do jornal", quando seria melhor dizer que "o existente 'antes' do jornal é menos um leitor do que um sujeito sociopsicológico que lhe serve de suporte, sem se confundir com ele". E, desenvolvendo ideias de Bourdieu, ele sugere a especificidade do "campo da informação", dotado de ação estruturadora sobre um "campo de leitores", de maneira análoga à qual, no século XIX, "o campo das máquinas estruturou de uma maneira original um campo de produtores que não existia em germe em não se sabe que homem anterior". Em contraste com a orientação que atribui a Bourdieu, segundo o qual esse seria conduzido a "reduzir a estrutura dos conteúdos às posições dos indivíduos no campo", Mouillaud encara os jornais como "um conjunto que tem uma realidade específica e possui suas próprias formas; eles ocupam posições recíprocas separadas por distâncias determinadas; o conjunto de posições e de distâncias constitui o que se poderia chamar um campo;

uma vez constituído, este ordena os indivíduos num campo de leitores, que não se poderia decifrar no nível das suas atitudes". Privilegia-se, em suma, a análise interna do jornal (e, por indicação, de outros meios de comunicação) na medida em que se sustenta que é no "campo" específico da informação (vale dizer, do conjunto articulado de mensagens, enquanto conteúdo e enquanto estrutura) que encontraremos os princípios para analisar as outras instâncias em questão – consumidores e, por extensão, produtores.

Por essa via, retornamos ao ponto que, afinal, constitui o núcleo da argumentação desenvolvida nesta fase final: o de que o domínio próprio para o exercício de uma sociologia da comunicação é o da análise da mensagem, e que é nesse nível que se concentram os problemas metodológicos e teóricos pertinentes ao tema. É claro que isso não leva a restringir a perspectiva sociológica a essa área somente. Pode-se, e deve-se, fazer Sociologia, e boa Sociologia, examinando as outras dimensões do processo de comunicação, relativas aos diversos componentes da organização social que condicionam, do exterior, a produção, difusão e consumo em grande escala de mensagens. O argumento essencial construído ao longo deste livro é que o trabalho nesse plano pode ser muito boa Sociologia, mas não o é *da comunicação*.

Referências

ADORNO, Th.W. "A indústria cultural". In: COHN, G. (org.) *Comunicação e indústria cultural*. São Paulo: Cia. Editora Nacional/USP, 1971.

_____. *Einleitung in der Musiksoziologie*. 2. ed. ampl. Munique/Frankfurt am Main: Rowolt/Suhrkkamp, 1968.

_____. "Kultur und Verwaltung". In: HORKHEIMER, M. & ADORNO, Th.W. *Sociologica II*. Frankfurt am Main: Europäische Verlagsanstalt, 1962, p. 48-68.

ALTHUSSER, L. *Pour Marx*. Paris: Maspero, 1965.

ANDERSON, P. "Origins of the Present Crisis". *New Left Review*, n. 23, 1964, p. 26-53.

ARENDT, H. *The Human Condition*. Garden City/Nova York: Doubleday-Anchor Books, 1959.

_____. *The Origins of Totalitarianism*. Nova York: Meridian Books, 1958.

BAUER, R.A. & BAUER, A. "America, 'Mass Society' and the Mass Media". *Journal of Social Issues*, vol. 16, n. 3, 1960.

BELL, D. "America as a Mass Society: a Critique". *The End of Ideology*. Nova York: Free Press, 1965, cap. 1, p. 21-38.

BERELSON, B.; LAZARSFELD, P.F. & McPHEE, W.N. *Voting*: a Study of Opinion Formation in a Presidential Campaign. Chicago: University of Chicago Press, 1954.

BLUMER, H. "Public Opinion and Public Opinion Polling". *American Sociological Review*, vol. 13, n. 4, 1948, p. 542-547.

BOUDON, R. "Analyse Secondaire et Sondage Sociologique". *Cahiers Internationaux de Sociologie*, 1969, n. 2, p. 5-34.

BOURDIEU, P. "Champ Intellectuel et Projet Créateur". *Temps Modernes*, 1966, n. 246.

BROUWER, M. "L' Information et les Sciences Sociales: Quelques Domaines Négligés". *Revue Internationale des Sciences Sociales*, vol. 14, 1962, p. 318-336.

BROWN, R. *Social Psychology*. Nova York: Collier-Macmillan, 1965.

BRUNSCHWIG, H. *La crise de l'État Prussien à la fin du XVIIIème siècle et la gênese de la mentalité romantique*. Paris: Presses Universitaires de France, 1947.

CONVERSE, P. "The Nature of Belief Systems in Mass Publics". In: APTER, D.E. (org.). *Ideology and Discontent*. Nova York: Free Press, 1964.

COSER, L. "Nightmares, Daydreams, and Prof. Shils". *Dissent*, n. 5, 1958 [Reproduzido em: ERENSAFT, P. & ETZIONI, A. (org.). *Anatomies of America* – Sociological Perspectives. Nova York: Macmillan, 1969, p. 309-314.

DAHRENDORF, R. "Democracy without Liberty: an Essay on the Politics of Other-Directed Man". In: LIPSET, S.M. & LOWENTHAL, L. (orgs.). *Culture and Social Character* – The Work of David Riesman Reviewed. Nova York: Free Press, 1961.

DURKHEIM, É. *Leçons de Sociologie* – Physique des moeurs et du droit. Paris: Istambul: [s.e.], 1950.

FRAENKEL, E. "Parlament und Öffentliche Meinung". In: BERGES, W. & HINRICHS (orgs.). *Zur Geschichte und Problematik der Demokratie*. Berlim: Dunker & Humblot, 1958, p. 166-167.

FREYER, H. *Teoría de la época actual*. México: Fondo de Cultura Económica, 1958.

GANS, H.J. "Popular Culture in America: Social Problem in a Mass Society or Social Asset in a Pluralist Society?" In: BECKER, H.S. (org.). *Social Problems*: a Modern Approach. Nova York: Willey, 1966, p. 549-620.

_____. "The Creator-Audience Relationship in the Mass Media: an Analysis of Movie Making". In: ROSENBERG, B. & WHITE, D.M. (orgs.). *Mass Culture*. Nova York: Free Press, 1964.

GEERTZ, C. "Ideology as a Cultural System". In: APTER, D.E. (org.). *Ideology and Discontent*. Nova York: Free Press, 1964.

GEIGER, T. "Ideologie und Werturteil. (Kritische Bemerkungen zum Begriffe der Ideologie)". In: LENK, K. (org.). *Ideologie*. Berlim: Neuwied, 1964, p. 180-186.

GOLDMANN, L. *Recherches Dialectiques*. 3. ed. Paris: Gallimard, 1959.

_____. *La Création Culturelle dans la Societé Moderne*. Paris. Denöel-Gonthier, 1971 [Col. Mediations].

GORZ, A. *La Morale de l'Histoire*. Paris: Du Seuil, 1959.

GREINER, M. *Die Entstehung der Modernen Unterhaltungsliteratur* – Studien zum Trivialroman des 18 Jarhunderts. Reinbeck bei Hamburg: Rowolt, 1964.

HABERMAS, J. "Preliminary Remarks on a Theory of Communicative Competence". In: DREITZEL, H.P. (org.). *Recent Sociology*, n. 2, Nova York: Macmillan, 1970.

_____. *Strukturwandel der Öffentlichkeit*. Neuwied am Rhein/Berlim: Luchterhand, 1965.

HAUSER, A. *Historia social de la literatura y el arte*. 3. ed. Madri: Guadarrama, 1964.

HERBERT, T. "Remarques pour une Théorie Générale des Ideologies". *Cahiers pour l'Analyse*, n. 9, 1968, p. 74-92.

_____. "Réflections sur la Situation Théorique des Sciences Sociales, et Spécifiquement, de la Psychologie Sociale". *Cahiers pour l'Analyse*, n. 2, 1966, p. 174-203.

HILL, C. *The Century of Revolution, 1603-1714*. Londres: Sphere Books, 1969.

HOBSBAWM, E.J. *The Age of Revolution, 1789-1848*. Nova York: Mentor Books, 1964.

HORKHEIMER, M. & ADORNO, Th.W. *Soziologische Exkurse*. Frankfurt am Main: Europäische Verlagsanstalt, 1956.

HORTON, J. "The De-Humanization of Alienation and Anomie". *British Journal of Sociology*, vol. 15, n. 4, p. 283-300.

KATZ, E. "The Two-Step Flow of Communication". *Public Opinion Quarterly*, vol. 21, 1957, p. 61-78.

KIRSCHHEIMER, O. "Private Man and Society". *Political Science Quarterly*, vol. 81, 1966, n. 1.

KORNHAUSER, W. *The Politics of Mass Society*. Londres: Routledge and Kegan Paul, 1960.

KOSELLEK, R. *Crítica y Crisis del mundo burguês*. Madri: Rialp, 1965.

KROEBER, A.L. & KLUCKHOHN, C. (orgs.). *Culture – A Critical Review of Concepts and Definitions*. Nova York: Vintage Books, 1952.

LASSWELL, H. *Politics*: Who Gets What, When, How. Nova York: Meridian Books, 1958 [1936].

LAZARSFELD, P.F.; BERELSON, B. & GAUDET, H. *The People's Choice*. Nova York: Columbia University. Press, 1948.

LAZARSFELD, P.F. & KATZ, E. *Personal Influence* – The Part Played by People in the Flow of Mass Communications. Nova York: Free Press, 1955.

LAZARSFELD, P.F. & MENZEL, H. "On the Relation Between Individual and Collective Properties". In: ETZIONI, A. (org.). *Complex Organizations*. Nova York: Holt, Rinehart and Winston, 1962, p. 423-440.

LAZARSFELD, P.F. & ROSENBERG, M. (orgs.). *The Language of Social Research*. Glencoe: Free Press, 1955.

LeBON, G. *The Crowd*. Nova York: Ballantine Books, 1969.

LEFEBVRE, G. "Revolutionary Crowds". In: KAPLOW, J. (org.). *New Perspectives on the French Revolution* – Readings in Historical Sociology. Nova York: Willey, 1965, p. 173-190.

LOWENTHAL, L. "Historical Perspectives on Popular Culture". *American Journal of Sociology*, vol. 55, 1950, p. 323-332.

LOWENTHAL, L. & FISKE, M. "The Debate over Art and Popular Culture in Eighteenth Century England". In: KOMAROVSKY, M. (org.) *Common Frontiers in the Social Sciences*. Glencoe: Free Press, 1957.

MacDONALD, D. "Masscult and Midcult". *Partisan Review*, n. 2, 1960, p. 203-233.

MacPHERSON, C.B. *The Political Theory of Possessive Individualism*. Oxford: The Clarendon Press, 1963.

MANDROU, R. *De la culture populaire au 17ème et 18ème Siècles – La Bibliothèque Bleue de Troyes*. Paris: Stock, 1964.

MANNHEIM, K. *Ideology and Utopy*. Londres: Routledge and Kegan Paul, 1964 [1936].

_____. *Man and Society in an Age of Reconstruction*. Londres: Routledge and Kegan Paul, 1940.

MEISEL, J.H. *The Myth of the Ruling Class*. Ann Arbor: The University of Michigan Press, 1962.

MORIN, E. *L'Esprit du temps*. Paris: Grasset, 1962.

MOUILLAUD, M. "Le Système des Journaux – Théorie et Methodes pour l'Analyse de Presse". *Langages*, n. 11, 1968, p. 61-83.

ORTEGA Y GASSET, J. *La rebelión de las masas*. 33. ed. Madri: Revista de Occidente, 1959.

PALMER, P.A. *"The Concept of Public Opinion in Political Theory"*. In: BERELSON, B. & JANOWITZ, M. (orgs.). *Public Opinion and Communication*. Glencoe: The Free Press, 1953.

PALMER, R.R. *The Age of Democratic Revolution – Vol. 1: The Challenge*. Nova Jersey: Princeton University Press, 1969.

PARSONS, T. & WHITE, W. "The Mass Media and the Structure of American Society". *Journal of Social Issues*, vol. 16, n. 3, 1960, p. 67-77.

PIAGET, J. Études *sociologiques*. Genebra: Droz, 1967.

_____. "Pensée egocentrique et pensée sociocentrique". *Cahiers Internationaux de Sociologie*, 1951, p. 34-49.

PLEKHANOV, G. *Essais sur l'histoire du matérialisme*. Paris: Editions Sociales, 1957.

POPPER, K.R. *Conjectures and refutations*: the Growth of Scientific Knowledge. Nova York: Harper & Row, 1968.

_____. *A sociedade democrática e seus inimigos*. Belo Horizonte: Itatiaia, 1959.

POULANTZAS, N. *Pouvoir politique et classes sociales*. Paris: Maspero, 1968.

REICHENBACH, H. *La Filosofia Científica*. México: Fondo de Cultura Económica, 1953.

RIESMAN, D. "The Meaning of Opinion". *Individualism Reconsidered*. Glencoe: The Free Press, 1954.

RIESMAN, D.; GLAZER, N. & DENNEY, R. *The Lonely Crowd*. Ed. ampl. New Haven: Yale University Press, 1961.

SCHÜCKING, L. *Sociologie der Literarischen Geschmacksbildung*. 3. ed. rev. Berna: Franke Verlag, 1961.

SELZNICK, P. "Institutional Vulnerability of Mass Society". *American Journal of Sociology*, vol. 56, n. 1, 1951.

SHILS, E. "Daydreams and Nightmares: Reflections on the Criticism of Mass Culture". *Sewanee Review*, n. 65, 1957 [Reproduzido em ERENSAFT, P. & ETZIONI, A. (orgs.). *Anatomies of America* – Sociological Perspectives. Nova York: Macmillan, 1969, p. 296-308.

_____. "Mass Society and its Culture". In: JACOBS, N. (org.). *Culture for the Millions?* Boston: Beacon Press, 1964.

SMELSER, N. "Dimensions of Collective Behavior". *Essays in Sociological Explanation*. Nova Jersey: Prentice-Hall, 1968, p. 92-121.

SPEIER, H. "The Historical Development of Public Opinion". *American Journal of Sociology*, vol. 55, n. 4, 1950.

STRAYER, J.R. "The Historian's Concept of Public Opinion". In: KOMAROVSKY, M. *Common Frontiers of the Social Sciences*. Glencoe: The Free Press, 1957.

STUART MILL, J. "M. de Tocqueville on Democracy in America". In: COHEN, M. (org.). *The Philosophy of Stuart Mill*. Nova York: Modern Library, 1961, p. 119-184.

TOURAINE, A. "La Raison d'être de une Sociologie de l'Action". *Revue Française de Sociologie*, vol. 7, n. 4, 1966, p. 518-527.

_____. "Pour une Sociologie Actionaliste". *Archives Européennes de Sociologie*, vol. 5, n. 1, 1964, p. 1-26.

VAN DEN HAAG, E. "Of Happiness and Despair We Have no Measure". In: ROSENBERG, M. & WHITE, D.M. (org.). *Mass Culture*. Nova York: Free Press, 1964, p. 504-536.

VERÓN, E. *Ideologia, estrutura e comunicação*. São Paulo: Cultrix, 1970.

WILLENSKY, H. "Mass Society and Mass Culture: Interdependence or Independence?" *American Sociological Review*, vol. 29, n. 2, 1964 [Versão abreviada em COHN, G. (org.). *Comunicação e indústria cultural*].

WILLIAMS, R. *The Long Revolution*. [s.l.]: Penguin Books, 1965.

_____. *Culture and Society 1780-1950*. [s.l.]: Penguin Books, 1963.

WRIGHT MILLS, C. *The Power Elite*. Nova York: Oxford University Press, 1959.

ZEITLIN, I.M. *Ideology and the Development of Sociological Theory*. Nova Jersey: Prentice Hall, 1968.

Conheça estas e outras obras da Coleção.
www.vozes.com.br

COLEÇÃO COMPREENDER

A Coleção *Compreender* oferece aos estudantes e professores de Filosofia a oportunidade de conhecer a vida, o pensamento e as principais idéias dos grandes filósofos de forma objetiva, clara, simples e abrangente. Apresentando filósofos como: *Platão, Kant, Schopenhauer, Hegel e Nietzsche*, entre outros. Um importante material de apoio para os cursos de graduação, e principalmente em Filosofia.

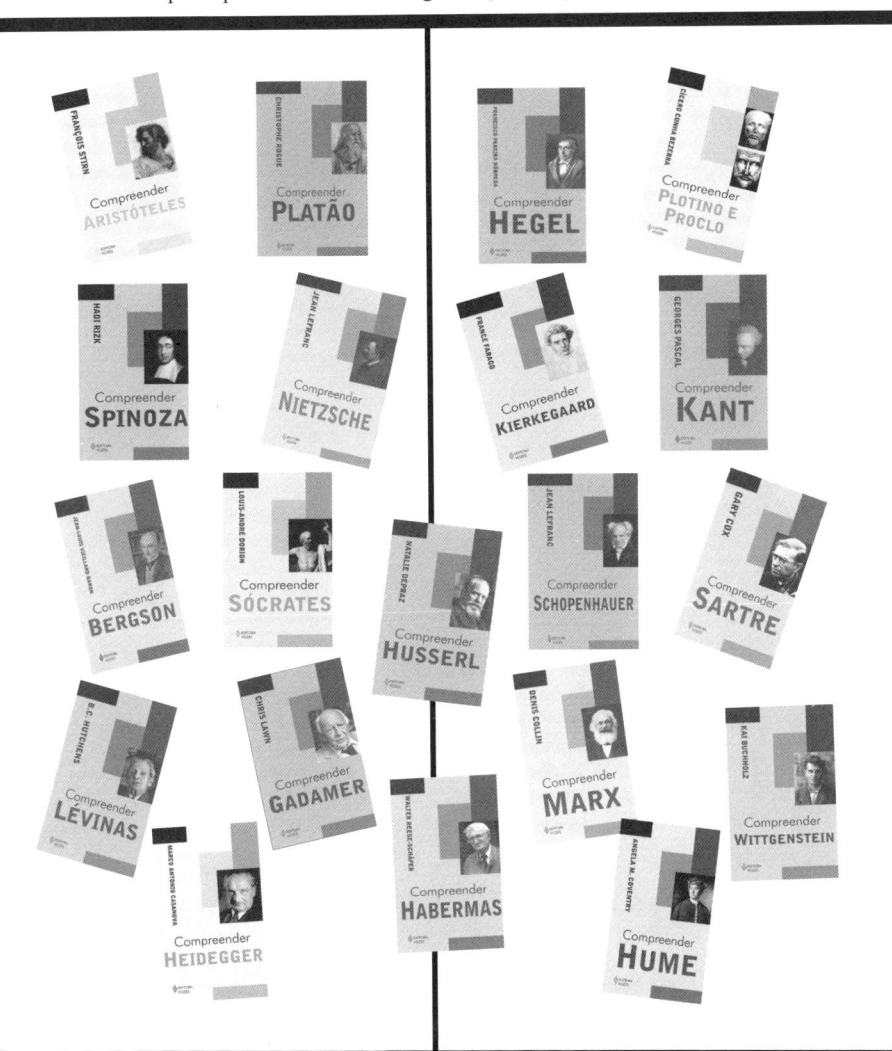

- Compreender ARISTÓTELES — François Stirn
- Compreender PLATÃO — Christophe Rogue
- Compreender HEGEL — Francisco Pereira Rebouça
- Compreender PLOTINO E PROCLO — Cícero Cunha Bezerra
- Compreender SPINOZA — Hadi Rizk
- Compreender NIETZSCHE — Jean Lefranc
- Compreender KIERKEGAARD — France Farago
- Compreender KANT — Georges Pascal
- Compreender BERGSON — Jean-Louis Vieillard-Baron
- Compreender SÓCRATES — Louis-André Dorion
- Compreender HUSSERL — Natalie Depraz
- Compreender SCHOPENHAUER — Jean Lefranc
- Compreender SARTRE — Gary Cox
- Compreender LÉVINAS — B.C. Hutchens
- Compreender GADAMER — Chris Lawn
- Compreender MARX — Denis Collin
- Compreender WITTGENSTEIN — Kai Buchheiz
- Compreender HEIDEGGER — Marco Antonio Casanova
- Compreender HABERMAS — Walter Reese-Schäfer
- Compreender HUME — Angela M. Coventry

EDITORA VOZES
Editorial

CULTURAL
Administração
Antropologia
Biografias
Comunicação
Dinâmicas e Jogos
Ecologia e Meio Ambiente
Educação e Pedagogia
Filosofia
História
Letras e Literatura
Obras de referência
Política
Psicologia
Saúde e Nutrição
Serviço Social e Trabalho
Sociologia

CATEQUÉTICO PASTORAL
Catequese
　Geral
　Crisma
　Primeira Eucaristia

Pastoral
　Geral
　Sacramental
　Familiar
　Social
　Ensino Religioso Escolar

TEOLÓGICO ESPIRITUAL
Biografias
Devocionários
Espiritualidade e Mística
Espiritualidade Mariana
Franciscanismo
Autoconhecimento
Liturgia
Obras de referência
Sagrada Escritura e Livros Apócrifos

Teologia
　Bíblica
　Histórica
　Prática
　Sistemática

REVISTAS
Concilium
Estudos Bíblicos
Grande Sinal
REB (Revista Eclesiástica Brasileira)
SEDOC (Serviço de Documentação)

VOZES NOBILIS
Uma linha editorial especial, com importantes autores, alto valor agregado e qualidade superior.

VOZES DE BOLSO
Obras clássicas de Ciências Humanas em formato de bolso.

PRODUTOS SAZONAIS
Folhinha do Sagrado Coração de Jesus
Calendário de Mesa do Sagrado Coração de Jesus
Agenda do Sagrado Coração de Jesus
Almanaque Santo Antônio
Agendinha
Diário Vozes
Meditações para o dia a dia
Guia Litúrgico

CADASTRE-SE
www.vozes.com.br

EDITORA VOZES LTDA.
Rua Frei Luís, 100 – Centro – Cep 25689-900 – Petrópolis, RJ
Tel.: (24) 2233-9000 – Fax: (24) 2231-4676 – E-mail: vendas@vozes.com.br

UNIDADES NO BRASIL: Belo Horizonte, MG – Brasília, DF – Campinas, SP – Cuiabá, MT
Curitiba, PR – Florianópolis, SC – Fortaleza, CE – Goiânia, GO – Juiz de Fora, MG
Manaus, AM – Petrópolis, RJ – Porto Alegre, RS – Recife, PE – Rio de Janeiro, RJ
Salvador, BA – São Paulo, SP